Die Preisermittlung der Zimmererarbeiten

und ihre technisch-kaufmännischen Grundlagen

Ein neuzeitliches Hilfsbuch für die Ermittlung und Prüfung angemessener Angebotspreise

von

Ing. Hugo Bronneck

Behördl. autor. Zivilingenieur
für das Bauwesen

Mit 51 Abbildungen, sowie zahlreichen Tabellen und Zahlenbeispielen aus der Praxis

Springer-Verlag Berlin Heidelberg GmbH
1927

ISBN 978-3-662-31410-4 ISBN 978-3-662-31617-7 (eBook)
DOI 10.1007/978-3-662-31617-7

Vorwort

Mehr als je sind in dem schweren Daseinskampf, den heute jeder Baugewerbetreibende zu führen gezwungen ist, gründliche Kenntnisse im kaufmännisch wie technisch richtigen Veranschlagen vonnöten.

Besonders im Zimmerergewerbe und hauptsächlich natürlich von den kleineren Unternehmern, denen es oftmals an der entsprechenden technisch-kaufmännischen Schulung fehlt, wird trotz der nicht wenigen, bereits auf dem Gebiet des Veranschlagens erschienenen Veröffentlichungen noch immer der Mangel an einem einfachen, allgemeinverständlich geschriebenen Einführungsbuche empfunden, welches das Wesen der Preisermittlung in seinen Zusammenhängen klar erfaßt und dem Leser die Gesetze und Forderungen des richtigen Veranschlagens an Hand von Erfahrungswerten und Beispielen aus der Praxis vor Augen führt.

Die vorliegende Arbeit soll dem Zweck dienen, diese bisher in ihrer Bedeutung sicherlich unterschätzte Lücke auszufüllen.

Da eine der Grundbedingungen für eine eindeutige Preisermittlung die möglichst klare und vollständige Beschreibung der einzelnen angebotenen bezw. vorgeschriebenen Arbeitsleistungen und Lieferungen bildet, wurde bei der Bearbeitung besonderer Wert auf diese gelegt, um dem Leser die Möglichkeit zu bieten, die hier gegebene Beschreibung auch unmittelbar als Vorlage für andere, ähnliche Arbeiten benützen zu können.

Was die für den Material- und Zeitaufwand gemachten Angaben betrifft, so stellen diese vielfach erprobte Durchschnittswerte dar, die sowohl aus jahrelang vom Verfasser geführten Aufzeichnungen, als auch aus von anderen Seiten zusammengetragenen Erfahrungswerten abgeleitet wurden.

Ich hoffe, daß sich das vorliegende Buch bei Unternehmern wie Behörden als brauchbare Hilfe bei Veranschlagungsarbeiten wie bei der Nachprüfung solcher Arbeiten, aber auch als willkommener Lehrbehelf für Studierende erweisen wird. Auf etwa notwendige Verbesserungen bezw. auf eine spätere weitere Ausgestaltung des Buches hinzielende Ratschläge aus Fachkreisen werden mir jederzeit willkommen sein.

Wien-Lemberg, im Juni 1927

Der Verfasser

Inhaltsverzeichnis

Anhang

Erster Abschnitt

Die Grundlagen der Preisermittlung

Allgemeines

Für die Herstellung einer Zimmererarbeit, beispielsweise eines Dachstuhles, wird 1. Rohmaterial (Bauholz), 2. ein gewisser Aufwand an Arbeitskraft (Zeitaufwand) benötigt. Der Materialwert und der Wert des für die Herstellung erforderlichen Zeitaufwandes geben zusammen den Herstellungswert der genannten Arbeit.

Der Wert des Rohmaterials läßt sich beim Veranschlagen der meisten Zimmererarbeiten leicht durch Berechnung des voraussichtlichen Materialaufwandes und Ermittlung des Anschaffungswertes des Rohmaterials feststellen; die für die Herstellung erforderliche Arbeitszeit hingegen läßt sich nicht im voraus berechnen, sondern kann nur auf Grund bei ähnlichen Arbeiten gemachter Erfahrungen mit einer gewissen Sicherheit geschätzt werden.

Jeder Betrieb erzeugt eine Reihe von Unkosten, die in ihrer Gesamtheit als allgemeine oder Geschäftsunkosten bezeichnet werden. Wird zum Herstellungswert einer Arbeit der auf dieselbe entfallende Anteil der Geschäftsunkosten hinzugefügt, so ergibt sich der Selbstkostenwert dieser Arbeit.

Wird zu den Selbstkosten endlich noch der vom Unternehmer in Aussicht genommene Verdienst zugeschlagen, so stellt die nunmehrige Summe aus den Selbstkosten zuzüglich des Unternehmerverdienstes den Verkaufswert (Anbotpreis) der Arbeit dar.

Der Angebotpreis einer mit Materiallieferung verbundenen Zimmererarbeit setzt sich im allgemeinen aus folgenden Einzelposten zusammen

A) Selbstkosten.
   1. Materialkosten frei Baustelle.
   2. Arbeitslöhne.
   3. Geschäftsunkosten.
      a) Materialunkosten.
      b) Lohnunkosten.

B) Unternehmerverdienst.

C) Warenumsatzsteuer.

A. Die Selbstkosten

1. Die Materialkosten

Für die Preisermittlung muß stets der Preis der Rohmaterialien frei Baustelle festgestellt, d. h. es müssen zum Einkaufswert der Rohmaterialien (Kaufpreis vom Händler ab Lager oder Sägewerk) noch die Kosten für etwaige Bahnfracht, Fuhrlöhne, Auf- und Abladen sowie für etwaige sonstige Auslagen zugeschlagen werden. Die Materialkosten sind daher beispielsweise nachstehend zu ermitteln:

a) Bahnbeförderung (ohne Anschlußgeleise):
1. Kaufpreis vom Händler ab Verladestation.
2. Bahnfracht einschl. Stempel usw.
3. Fuhrlohn von der Bahn zum Zimmerplatz.
4. Arbeitslohn für Ausladen aus dem Waggon und Aufladen auf das Fuhrwerk.
5. Arbeitslohn für Abladen auf dem Zimmerplatz (samt Stapeln).
6. Fuhrlohn vom Zimmerplatz zur Baustelle.
7. Arbeitslohn für Aufladen am Zimmerplatz und Abladen an der Baustelle (samt Stapeln).

b) Fuhrwerkbeförderung:
1. Kaufpreis vom Händler ab Lager.
2. Fuhrlohn vom Lager zum Zimmerplatz.
3. Arbeitslohn für Aufladen auf das Fuhrwerk und Abladen auf dem Zimmerplatz (samt Stapeln).
4. Fuhrlohn vom Zimmerplatz zur Baustelle.
5. Arbeitslohn für Aufladen am Zimmerplatz und Abladen an der Baustelle (samt Stapeln).

Die Ermittlung des für die verschiedenen Verladearbeiten erforderlichen Zeitaufwandes kann auf Grund der in Nr. 233 für verschiedene Bau- und Schnittholzsorten gemachten Angaben erfolgen.

Der Schnittverlust:

Eine wichtige Rolle bei der Ermittlung des für eine Arbeit erforderlichen Materialaufwandes und damit auch der Materialkosten spielt der bei allen Zimmererarbeiten unvermeidliche Schnittverlust.

In der Praxis unterscheidet man:

1. Schwindverluste (infolge Schwindens des Holzes).

2. Hobel-, Falz-, Spund- und Zapfenverluste (beim Hobeln, Falzen, Spunden, Zapfen der Hölzer).

3. Schnittverluste (infolge Längen- und Breitenabfalles, ferner infolge Abschneidens minderwertiger Holzteile usw.).

Mit allen drei Arten von Materialverlusten muß der Zimmermann rechnen.

Die Schwindverluste spielen eigentlich mehr beim „Ausmanipulieren" des Rundholzes (vgl. S. 17) eine Rolle und braucht bei Feststellung des für eine Arbeit erforderlichen Materialaufwandes nicht auf dieselben Rücksicht genommen zu werden (wohl aber bei der Unkostenermittlung!).

Mit den Hobel-, Falz-, Spund- und Zapfenverlusten hingegen muß der Zimmermann bei allen seinen Arbeiten rechnen. Beim Einkauf gefalzter oder gespundeter Fußbodenbretter ist beispielsweise zu beachten, daß der Händler stets deren volle Breite (d. h. einschließlich Falz bzw. Spund) berechnet, während für die Verrechnung der fertig verlegten Fußbodenfläche gegenüber dem Bauherrn nur das tatsächliche Flächenausmaß in Betracht kommt. An manchen Orten ist es üblich, die Zapfen in Längen von 5, 6 und 7 cm bei der Verrechnung mitzumessen, an anderen Orten wiederum wird für die Länge der Zapfen keine Vergütung geleistet.

Was den Schnittverlust infolge Längen- und Breitenabfalles betrifft, so kommt es vor allem darauf an, ob die betreffende Arbeit aus Vorratsholz oder aus Listenholz (d. i. nach Liste eingeschnittenem Holz) hergestellt wird. In letzterem Falle kann der Abfall naturgemäß nur gering werden. Bei Hölzern, die schräg gegeneinander geschnitten werden, z. B. bei Kopfbändern, ebenso auch bei Schiftern u. dgl. kann von einem Schnittverlust meist überhaupt nicht gesprochen werden, eher von einem Holzgewinn. Natürlich spielen bei der richtigen Einteilung des Holzes (Ausziehen der Holzlisten) auch Geschicklichkeit und Erfahrung eine wichtige Rolle.

Angaben über die erfahrungsgemäßen Schnittverluste bei den verschiedenen Zimmererarbeiten enthält der II. Abschnitt.

2. Die Arbeitslöhne

Die Höhe der Arbeitslöhne (Stundenlöhne) ist nach der Lage des Arbeitsortes (Stadt oder Land) und nach den allgemeinen Verhältnissen der Baustelle sehr verschieden, an fast allen Orten aber heute durch kollektivvertragliche oder sonstige Abmachungen zwischen Arbeitgebern und Arbeitnehmern geregelt (Tariflöhne).

Die Löhne selbst werden in produktive und unproduktive unterschieden:

Produktive (d. h. Nutzen erzeugende) Löhne sind solche, durch deren Verausgabung sichtbare Nutzwerte geschaffen werden, z. B. Löhne für das Abbinden und Aufrichten.

Unproduktive Löhne hingegen sind Ausgaben für Arbeiten, die wohl im Interesse des Unternehmens und im Interesse beispielsweise der gleichen Arbeit wie oben geleistet werden, mit deren Hilfe aber für den Nichtfachmann nicht sofort sichtbare Werte erzeugt werden, z. B. Ausgaben für die Beaufsichtigung der Arbeit, für die Materialbeschaffung, für die Anfertigung der Bauzeichnungen, für Gehälter der Techniker usw.

Festzuhalten ist jedoch, daß jede Mitarbeit des Poliers oder des Zimmermeisters, soweit durch dieselbe sichtbare Nutzwerte geschaffen werden — hiezu gehört z. B. auch das Aufreißen am Schnürboden — als produktive Leistungen zu bewerten sind.

Ermittlung der Selbstkosten der Arbeitslöhne:

Die Ermittlung der Selbstkosten der Arbeitslöhne kann in nachstehender Weise erfolgen:

Betragen die Lohnunkosten eines Unternehmens nach der Jahresaufstellung der Geschäftsunkosten (s. S. 5) beispielsweise 25%, so ergeben sich die Selbstkosten des Arbeitslohnes in Hundertteilen zu:

Arbeitslohn	100	Teile
Unkosten	25	„
Zusammen . . .	125	Teile
2,04% Warenumsatzsteuer	2,55	„
Selbstkosten	127,55	Teile

oder für die Werteinheit 127,55 Teile = 1,2755.

Beträgt der Stundenlohn eines Zimmerers 1,52, der eines Hilfsarbeiters 1,10, so ergeben sich die Selbstkosten dieser Stundenlöhne mithin zu:

Zimmerer . . . . $1{,}52 \times 1{,}2755 = \sim 1{,}94$
Hilfsarbeiter . . . . $1{,}10 \times 1{,}2755 = \sim 1{,}40$

Für die Durchführung von Regie- (Taglohn-) Arbeiten können die Stundenlöhne (Fertiglöhne) unter beispielsweiser Anrechnung eines Verdienstes von 10% wie folgt ermittelt werden:

Arbeitslohn	100	Teile
Unkosten	25	„
Verdienst	10	„
Zusammen	135	Teile
2,04% Warenumsatzsteuer	2,754	„
Selbstkosten	137,754	Teile = ~ 1,38 der Werteinheit.

Mithin:

1 Regiestunde des Zimmerers . . . . 1,52 × 1,38 = ~ 2,10
1 Regiestunde des Hilfsarbeiters . . . . 1,10 × 1,38 = ~ 1,52

Ermittlung der produktiven Jahreslohnsumme:

Für die Ermittlung der produktiven Jahreslohnsumme eines Zimmereibetriebes soll als Beispiel ein Betrieb mit fünf Zimmergehilfen und einem Lehrling gewählt werden.

Nach vielfach angestellten Beobachtungen kann ein das ganze Jahr hindurch beschäftigter Zimmergehilfe 280 bis 290 Arbeitstage mit einer Gesamtzahl von ~ 2300 Stunden produktiv tätig sein. Bei fünf Zimmergehilfen kann der Meister außer seiner unproduktiven Tätigkeit täglich noch vier bis sechs Stunden mitarbeiten, also produktive Arbeit leisten, somit im Jahr rund 1700 Stunden. Der Lehrling sei im dritten Jahr; seine Jahresarbeitszeit beträgt weniger als bei den Zimmergehilfen, da für ihn die Zeit für den Besuch der gewerblichen Fortbildungsschule in Abzug kommen muß, für die ihn allerdings der Meister bezahlen muß (Deckung aus den Geschäftsunkosten). Für den Lehrling können im Durchschnitt 2000 Arbeitsstunden als produktiv angenommen werden.

Beträgt der Stundenlohn des Zimmergehilfen 1,52, der Lohn des Lehrlings 50% hievon, so errechnet sich die Gesamtjahreslohnsumme wie folgt:

5 Zimmergehilfen	à 2300	Stunden	à 1,52	= 17 480,00
1 Lehrling	à 1000	„	à 1,52	= 1 520,00
1 Meister	à 1700	„	à 1,52	= 2 584,00
Produktive Gesamtjahreslohnsumme				= 21 584,00

Der produktive Meisterlohn (Polierlohn) ist nicht höher zu bewerten als der Gehilfenlohn, da der Meister bei seiner Mitarbeit ja auch nicht mehr leisten kann als ein tüchtiger Gehilfe. Die Entlohnung des Meisters für seine unproduktive Tätigkeit soll durch Einbeziehung derselben in die Lohnunkosten, unter Umständen auch noch durch den Gewinn, erfolgen.

3. Die Geschäftsunkosten

Von größter Wichtigkeit für die richtige Ermittlung der Selbstkosten einer Arbeit ist die richtige Miteinbeziehung der Geschäftsunkosten in die Selbstkosten, d. h. aller derjenigen Ausgaben, die für die Führung des Geschäftsbetriebes notwendig sind bzw. durch den letzteren verursacht werden. Zu solchen Ausgaben gehören beispielsweise Zinsverluste aus dem Anlagekapital, Pacht, Miete, Unterhaltungskosten für Gebäude, Drucksorten, Postauslagen, Zeichen- und Schreibmaterialien, die verschiedenen Abgaben von den Löhnen, Steuern usw.

Eine fester Satz für die Höhe der Geschäftsunkosten läßt sich natürlich nicht aufstellen, da ja doch jedes Geschäft anders gehandhabt wird; so können beispielsweise zwei gleich große Geschäfte in demselben Ort mit ganz verschiedenen Unkosten arbeiten, wenn beispielsweise das eine oder das andere Maschinenbetrieb besitzt u. dgl. m.!

Die Theorie der Ermittlung der Geschäftsunkosten geht davon aus, daß seitens des Unternehmers für jedes Geschäftsjahr ein neues Unkostenkonto angelegt und nach Ablauf desselben die Höhe der Unkosten im vergangenen Geschäftsjahr stets neuerlich festgestellt wird.

Ist die Summe sämtlicher Unkosten bekannt, so entsteht die Frage, wie dieselben im kommenden Geschäftsjahr wieder hereingebracht werden können. Nach vielfachen Erfahrungen erscheint es am zweckmäßigsten, die Gesamtunkosten eines Geschäftsjahres in zwei Gruppen zu zerlegen, und zwar in:

a) Materialunkosten, das sind diejenigen Geschäftsunkosten, die unmittelbar oder mittelbar mit der Materiallieferung im Zusammenhange stehen. Zu letzteren gehören z. B. Zinsverluste aus dem für Materialkäufe aufgewendeten Kapital, Verluste für minderwertig gewordenes Material, Unterhaltung, Abschreibung, Verzinsung der Materiallagerschuppen usw.

b) Lohnunkosten, das sind diejenigen Geschäftsunkosten, die durch die Führung des Zimmereibetriebes selbst entstehen.

Entsprechend der Zerlegung der gesamten Geschäftsunkosten in Material- und Lohnunkosten werden die ersteren auf die Summe der in einem Geschäftsjahr verarbeiteten Materialwerte, die letzteren auf die produktive Jahreslohnsumme umgelegt.

Bei entsprechender Buchführung kann es keiner Schwierigkeit unterliegen, jederzeit die für die Unkostenberechnung in Frage kommenden Einzelbeträge aus den Büchern festzustellen (Bilanz).

Manchmal ist es allerdings nicht leicht, die Trennung der Gesamtunkosten in Material- und Lohnunkosten vorzunehmen; in solchen Fällen bleibt nichts anderes übrig, als einzelne Unkostenwerte schätzungsweise zu bestimmen.

Beispiel für eine Unkostenermittlung

Verarbeitete Materialwerte		64 800,—
Produktive Löhne		43 200,—
Gesamtunkosten	[Materialunkosten 1 940,— / Lohnunkosten 10 860,—]	12 800,—
Verdienst		7 600,—
Jahresumsatz ohne Warenumsatzsteuer		128 400,—

Die Materialunkosten betragen hier $\frac{1940}{\frac{64\,800}{100}} = 3\%$ des Materialwertes,

Die Lohnunkosten . . . . $\frac{10\,860}{\frac{43\,200}{100}} = 25\%$ der produktiven Löhne.

a) Ermittlung der Materialunkosten

Für die Ermittlung der Materialunkosten ist es erforderlich, daß seitens des Geschäftsinhabers ein genaues Unkostenkonto über Materialbezug,

Frachtkosten, Fuhrlöhne usw. geführt wird. Außerdem müssen die Unkosten der Materialien durch die Lagerung (Zinsverlust, Schwindverluste usw.), die Unkosten für Materiallagerschuppen, Lagerplatz, Einfriedung usw. getrennt ermittelt werden. Als eigentliche Unterlage für die Ermittlung der Materialunkosten dient die Materialbilanz oder das Lagerbuch. Die einzelnen lagernden Materialien müssen jeweils nach ihrem tatsächlichen Wert geschätzt werden.

Wichtig für die richtige Aufstellung der Materialunkosten ist es, festzuhalten, daß die Materialkosten beim Veranschlagen frei Baustelle angesetzt, die Materialunkosten daher unter Zugrundelegung der Materialpreise frei Baustelle ermittelt werden. Hieraus geht hervor, daß die Frachtkosten, Fuhrlöhne, Auf- und Abladekosten im allgemeinen nicht in die Gesamtaufstellung der Materialunkosten aufgenommen werden dürfen, da die Unkosten ja sonst doppelt verrechnet werden würden. Nur bei demjenigen Material, das auf dem Zimmerplatz lagert und bei einer Arbeit aus dem eigenen Bestande genommen wird, können die infolge Lagerung des Materials auf dem Zimmerplatz aufgelaufenen Auslagen für Fracht, Fuhrlohn usw. in die Unkostenberechnung aufgenommen werden, da bei der Preisermittlung des Materials frei Baustelle in diesem Falle nur die Beförderung vom Zimmerplatz zur Baustelle in Frage kommt.

Beispiel für die Ermittlung der Materialunkosten bei einem mittleren Zimmereibetrieb

	Verarbeitete Materialwerte lt. Aufstellung im Beispiel S. 5	64 800,—.
1.	Materiallagerschuppen (Unterhaltung, Abschreibung, Verzinsung)	120,—
2.	Lagerplatz für Kantholz	80,—
3.	Einfriedung des Lager- und Zimmerplatzes (die Hälfte der Unterhaltung, Abschreibung, Verzinsung)	60,—
4.	Lagerraum für Kleinmaterial (Nägel, Werkzeug, Karbolineum usw.)	20,—
5.	Bureaueinrichtung (die Hälfte, andere Hälfte Zimmerei)	30,—
6.	Fernsprecher, Schreibmaterial, Postauslagen (die Hälfte)	150,—
7.	Aushilfe für Schreibarbeiten	400,—
8.	Soziale Abgaben für Schreibhilfe	60,—
9.	Ausgaben für Reisen, Materialübernahme usw.	240,—
10.	Zinsverluste aus dem Kapital für Materialanschaffungen	340,—
11.	Verluste für minderwertig gewordenes Material, Schwinden usw.	110,—
12.	Steuern	180,—
13.	Frachtkosten, Fuhrlöhne, Verladekosten	150,—
	Gesamtunkosten	1 940,—

Die Materialunkosten betragen im vorliegenden Fall $\frac{1940}{\frac{64800}{100}} = 3\,\%$ des Materialwertes frei Baustelle.

b) Ermittlung der Lohnunkosten

Für die Ermittlung der Lohnunkosten, welche auf die produktive Jahreslohnsumme umzulegen sind, empfiehlt sich die Führung eines Unkostenkontos in etwa folgender Weise:

Die Selbstkosten

A) Unkosten aus dem Anlagekapital:

1. Werkstätte samt Reißboden, Aborte usw.:

Anlagewert. . . . .
jährliche Unterhaltungskosten . . . . . (2 %)
Verzinsung des Anlagekapitals . . . . (5 %) } lt. Abschreibungstabelle[1])
Abschreibung . . . . (20 Jahre) } (8,03 %)

2. Werkzeug:

Buchwert des gesamten Werkzeuges . . . .
Reparaturen und Unterhaltung. . . . . (2 %)
Verzinsung des Werkzeugwertes . . . (5 %) } lt. Abschreibungstabelle[1])
Abschreibung . . . . (10 Jahre) } (12,95 %)

3. Miete für den Zimmerplatz:

[Erforderliche Größe des Zimmerplatzes einschl. Werkstätte und Schuppen nach Kress durchschnittlich
140 m^2 für jeden Zimmergehilfen mit einem Mietwert von
0,4 % des Gesamtjahreslohnes].

4. Einfriedung des Zimmerplatzes:

Anlagekosten . . . .
jährliche Unterhaltungskosten . . . . . (0,8 %)
Verzinsung . . . . (5 %) } lt. Abschreibungstabelle[1])
Abschreibung . . . . (10 Jahre) } (12,95 %)

Zusammen Unkosten aus dem Anlagekapital:

B) Unkosten aus dem Betriebskapital

Die durchschnittlich erforderliche Höhe des Betriebskapitals kann mit 25 bis 30% des Gesamtjahreslohnes angenommen werden. Die Verzinsung des Betriebskapitals (5%) muß durch die Unkosten gedeckt werden.

C) Unkosten aus der Betriebsführung

a) Bureauerhaltung und allgemeine Unkosten:
1. Bureaumiete
2. Abschreibung der Bureaueinrichtung

[1]) Abschreibungstabelle

Jahre	Zinsfuß und Abschreibungssatz bei					Jahre	Zinsfuß und Abschreibungssatz bei				
	3%	4%	5%	6%	7%		3%	4%	5%	6%	7%
1	103	104	105	106	107	11	10,89	11,42	12,04	12,68	13,34
2	52,26	53,02	53,78	54,55	55,31	12	10,05	10,66	11,28	11,93	12,59
3	35,35	36,04	36,72	37,41	38,11	13	9,40	10,02	10,65	11,30	11,97
4	26,90	27,55	28,20	28,86	29,52	14	8,85	9,47	10,10	10,76	11,44
5	21,84	22,46	23,10	23,74	24,38	15	8,38	9,00	9,64	10,23	10,98
6	18,46	19,08	19,70	20,34	20,98	16	7,96	8,58	9,23	9,90	10,59
7	16,05	16,66	17,28	17,92	18,56	17	7,60	8,22	8,87	9,55	10,24
8	14,25	14,85	15,47	16,11	16,75	18	7,27	7,90	8,56	9,24	9,94
9	12,84	13,45	14,07	14,70	15,35	19	6,98	7,61	8,27	8,96	9,66
10	11,72	12,33	12,95	13,59	14,24	20	6,72	7,36	8,03	8,72	9,44

3. Heizung, Reinigung, Beleuchtung des Bureaus und der Werkstätte
4. Geschäftsbücher, Schreib- und Zeichenmaterialien, Drucksorten usw.
5. Fernsprecher, Postauslagen, Rechnungsstempel
6. Feuer-, Einbruch-, Haftpflichtversicherung
7. Reiseauslagen, Fahrgelder
8. Anwalts- und Gerichtskosten

b) Beamtengehälter:
1. Gehälter
2. Besondere Zuwendungen
3. Abfertigungsrücklagen

c) Unproduktive Löhne:

1. Unproduktive Tätigkeit der Poliere (des Meisters) usw.: [Derjenige Teil des Polierlohnes, welcher auf unproduktive Arbeitsleistungen entfällt, muß durch die Unkosten gedeckt werden];

2. Löhne, die ohne Gegenleistung der Arbeiter (auf Grund gesetzlicher oder vertraglicher Bestimmungen) gezahlt werden müssen, falls diese Löhne nicht auf die einzelnen Leistungen verrechnet werden können;

3. Löhne, die für das Verschicken von Arbeitern während der Bauzeit, für Reinigungsarbeiten, Beheizung der Kanzleiräume usw. verausgabt werden.

D) Unkosten aus den sozialen Lasten

a) Produktive und unproduktive Löhne:	Beispielsweise Berechnung auf Grund der in Wien am 1. Januar 1927 vorgeschriebenen Abgabensätze für einen Zimmerer: Wochenlohn S 1,52 × 45 = S 68,40
1. Unfallversicherungsbeiträge	1,53
2. Krankenversicherung	0,70
3. Arbeitslosenversicherung	1,26
4. Arbeitsvermittlung	0,09
5. Kinderzuschüsse	—
6. Beiträge zum Bundeswohn- u. -siedlungsfonds	0,01
7. Preis der Urlaubsmarke für eine Woche	1,52
8. Krankenentgelt nach § 1154b (§ 1155) a. b. G.	1,52
9. Fürsorgeabgabe 4%	2,74
Zusammen	**S 9,37 = 13,7%**

b) Gehälter:
1. Soziale Lasten wie unter a)
2. Pensionsversicherung

E) Unkosten aus Steuern und anderen gesetzlichen Abgaben

1. Reichs-(Bundes-), Landes- und Gemeindesteuern des Unternehmens
2. Genossenschaftsbeiträge

Beispiel für die Zusammenstellung der gesamten Lohnunkosten

A) Unkosten aus dem Anlagekapital	1 200,—
B) Unkosten aus dem Betriebskapital	720.—
C) Unkosten aus der Betriebsführung	3 000,—
D) Unkosten aus den sozialen Lasten	4 320,—
E) Unkosten aus Steuern usw.	1 620,—
Gesamte Lohnunkosten	**10 860,—**

Bei einer produktiven Jahreslohnsumme von 43 200,— betragen daher die Lohnunkosten (vgl. Beispiel S. 5)

$$\frac{10\,860}{\frac{43\,200}{100}} = 25\,\%\text{ der produktiven Löhne.}$$

Die in den einzelnen Hauptgruppen der Unkostenermittlung angeführten Einzelposten machen selbstverständlich keinen Anspruch auf Vollständigkeit, und soll ihre Anführung nur dazu dienen, um das Gerippe einer richtigen Unkostenaufstellung und die Vorteile einer solchen für den Unternehmer klar vor Augen zu führen.

In Deutschland wurden in den letzten Jahren nicht nur von den verschiedenen Fachverbänden sondern vielfach auch von den Baubehörden Unkostensätze für die verschiedenen Baubetriebe ausgearbeitet, die nunmehr der Preisermittlung bei öffentlichen Ausschreibungen zu grunde gelegt werden.

Für den Unternehmer wird es jedenfalls immer schwer sein, sich beim Veranschlagen seiner Selbstkosten nach allgemein gültigen Unkostensätzen zu richten, die vielleicht gar keine Geltung für ihn haben. Um einen richtigen Blick für das Gedeihen des eigenen Geschäftes zu bekommen, wird es vielmehr immer für ihn notwendig sein, seine eigenen wirklichen Unkosten kennen zu lernen. Anderseits gibt es für die Prüfung von Angeboten sicher kein einfacheres Mittel, als für die verschiedenen Arten von Betrieben allgemein gültige Unkostensätze festzulegen.

Zusammenstellung als normal anzusehender Geschäftsunkosten verschiedener Zimmereibetriebe nach von Kress in Deutschland angestellten Untersuchungen

Beschreibung der verschiedenen Betriebe:	Betriebspersonal:						Auf dem Lande (kleinere und mittlere Ortschaften)	In kleineren Städten und größeren Landorten (in der Nähe einer Stadt)	In größeren Städten mit Vororten	In Groß- und Industriestädten
	Meister	Poliere	Vorarbeiter	Zimmerer	Lehrjungen	Bureauhilfskräfte	Buchhalter	Geschäftsunkosten in Prozenten für M 100 produktiven Arbeitslohn		
I. Betriebsklasse (Kleinbetriebe)	1	—	—	1	1	—	—	11÷12	12÷14	12÷15	12÷15
	1	—	—	3	1	—	—	13÷14	15÷17	15÷18	16÷18
	1	—	—	5	1÷2	—	—	13÷18	16÷20	17÷22	17÷20
II. Betriebsklasse (mittlere Betriebe)	1	—	1	8	1÷2	—	—	—	18÷21	19÷22	20÷22
	1	1	—	12	1÷3	—	—	—	19÷21	20÷22	20÷23
	1	1	1	15	2÷4	1	—	—	20÷22	20÷23	21÷23
III. Betriebsklasse (größere und Großbetriebe)	1	1	1÷2	20	3÷4	1	—	—	20÷23	20÷23	21÷24
	1	1	2	25	3÷5	1	1	—	21÷22	21÷23	22÷24
	1	1÷2	1÷3	30	3÷5	1÷3	1	—	23÷24	26÷27	25÷27
IV. Betriebsklasse (Genossenschafts- und gemischte Betriebe)	Brauchbare Unterlagen konnten nur von B. A. G. mit gemischten Betrieben erhalten werden. Die Unkosten betrugen für das Zimmerergewerbe im Durchschnitt (Ergebnis einer Untersuchung bei 18 Genossenschaften)							—	17÷20	18÷22	20÷25
	Für gemischte Privatbetriebe ergaben sich ähnliche Verhältnisse, und zwar im Durchschnitt[1])								21÷23	21÷23	22÷33

[1]) Natürlich fanden sich auch Betriebe mit 25÷60 %!

c) Die Betriebsunkosten von Maschinenanlagen

Besitzt ein Zimmereibetrieb auch eine maschinelle Einrichtung, so muß ein derartiger Betrieb, wenn anders eine richtige Unkostenberechnung durchgeführt werden soll, in einen mechanischen und einen handwerksmäßigen gegliedert werden, d. h. es muß für die Betriebskosten der Maschinen ein besonderes Unkostenkonto geführt werden.

Für das Betriebsunkostenkonto kommen etwa folgende Angaben in Betracht:

Anschaffungs- (Buch-) wert der Maschinenanlage . . . . —
Wert der Maschinenwerkstätte . . . . —
1. Verzinsung des Anlagekapitals . . . . (5 %)
2. Unterhaltungskosten der Maschinen . . . . (3 ÷ 5 %)
3. Abschreibung der Maschinen . . . . (7 ÷ 10 %)
4. Stromverbrauch . . . . —
5. Schmiermittel . . . . —

Die Höhe der Betriebsunkosten wird hier besonders veränderlich und insbesondere davon abhängig sein, ob die Maschinen ständig oder nur zeitweise im Gang sind usw.

Kress gibt auf Grund einer von ihm im Jahre 1921 mittels Fragebogen gemachten Umfrage nachstehende Betriebsunkosten verschiedener Maschinenbetriebe an:

Anzahl der gleichlautenden Angaben verschiedener Betriebe	Antriebsart	Zuschlag zum kollektivvertraglichen Lohn in %
44 11 4	Elektrische Kraft	90 ÷ 110 75 ÷ 90 60 ÷ 75
3 1	Wasserkraft	50 ÷ 70 40
17 8	Dampfkraft	110 ÷ 125 70 ÷ 110
2	Benzinmotor	80 ÷ 90

B. Der Unternehmerverdienst

Einleitend soll bemerkt werden, daß unter der Bezeichnung „Unternehmerverdienst" nicht der reine, sondern der Bruttoverdienst des Unternehmers zu verstehen ist.

In jedem Zimmereibetrieb entsteht eine Reihe von Auslagen und Unkosten, die in den eigentlichen Geschäftsunkosten nicht zum Ausdruck kommen dürfen, aber dennoch bei der Preisermittlung ihre Deckung finden müssen. Zu solchen Posten gehören z. B. Geschäftsverluste, Ersatz für verpfuschte Arbeiten, Ersatz für verlustig gegangenes Werkzeug, Kosten für Versuchsarbeiten, Auslagen für die Anfertigung von Modellen, für das Halten von Fachzeitschriften usw. Endlich soll aus dem Gewinn auch das eigene Betriebskapital vermehrt, die Anlegung von Rücklagen für das Geschäft wie auch für den eigenen Gebrauch ermöglicht werden.

Die Ermittlung des Unternehmerverdienstes

In ähnlicher Weise wie die auf die Materiallieferung und auf die Löhne entfallenden Unkostenbeträge wird auch der Unternehmerverdienst getrennt nach Material und Lohn ermittelt. Von den Unkosten selbst einen Verdienst zu berechnen (wie es allerdings vielfach noch immer geschieht), erscheint nicht berechtigt, da es doch kaum angängig erscheint, von einer Unkostenforderung nochmals eine Abgabe zu verlangen. Unkosten sind eben an und für sich schon Forderungen, in gleicher Weise wie der Verdienst!

Für die Folge soll deshalb daran festgehalten werden, daß auf Unkosten jeder Art ein Verdienst nicht in Anrechnung zu bringen ist.

Was die Höhe der in die Preisermittlung einzubeziehenden Verdienstbeträge betrifft, sollten für dieselbe nachstehende Gesichtspunkte maßgebend sein:

a) Verdienst aus dem Material: Die Höhe des Verdienstsatzes richtet sich meist nach der Umsatzsumme, d. h. je größer die Umsatzsumme, mit einem desto kleineren Verdienstsatze sollte gerechnet werden. Als obere Grenze kann wohl ein Verdienst von 5% der Materialkosten bezeichnet werden.

b) Verdienst aus den Löhnen: Der übliche Verdienstsatz beträgt hier 8 bis 10% der Lohnsumme.

Im übrigen wird der Unternehmer bei einer Anbotstellung in den meisten Fällen selbst wissen, welche Aussichten er besitzt (Anzahl und Art der Mitbewerber usw.), um unter Umständen mit höheren oder niederen Verdienstsätzen rechnen zu können.

Beispiel

	Einheitspreis		Preis		Anbotpreis
	Material	Lohn	Material	Lohn	
Zusammen Material und Löhne	—	—	1178,27	201,10	—
3% Unkosten + 5% Verdienstzuschlag auf das Material	—	—	94,26	—	—
24% Unkosten + 10% Verdienstzuschlag auf die Löhne	—	—	—	68,38	—
Angebotpreis ohne Warenumsatzsteuer	—	—	1272,53	269,48	1542,01

Für den bei Regiearbeiten zu fordernden Verdienstsatz wäre festzuhalten, daß derartige Arbeiten für den Unternehmer mit keinerlei Verlustgefahr, dafür allerdings infolge Entfalles der Materiallieferung mit einem geringeren Nutzen verbunden sind. Die Notwendigkeit einer Erhöhung des Verdienstes bei Regiearbeiten erscheint daher im allgemeinen wohl kaum begründet.

C. Die Warenumsatzsteuer

Die Warenumsatzsteuer, welche aus dem Gesamtbetrag der Anbotsumme in der gesetzlich vorgeschriebenen Höhe zu berechnen und nicht zu den Geschäftsunkosten zu zählen ist, kann in folgender Weise ermittelt werden:

Beträgt der vorgeschriebene Hundertsatz p% der Anbotsumme, so muß zu der ohne Einbeziehung der Warenumsatzsteuer berechneten Anbotsumme der um $x\,\%$ vermehrte Hundertsatz $(p+x)\,\%$ zugeschlagen werden, der aus der Formel berechnet werden kann:

$$(p+x)=p\left(1+\frac{p}{100-p}\right).$$

Beträgt z. B. $p=2\,\%$, so muß der Zuschlag zu dem ohne Warenumsatzsteuer berechneten Anbotpreis betragen:

$$(p+x)=\left(1+\frac{2}{100-2}\right)=2{,}04082\sim 2{,}04\,\%$$

Die Schlußberechnung der Angebotsumme lautet daher beispielsweise wie folgt:

	Einheitspreis		Preis		Angebotspreis
	Material	Lohn	Material	Lohn	
Angebotsumme ohne Warenumsatzsteuer. . .	—	—	1272,53	269,48	1542,01
2,04 % Warenumsatzsteuer.	—	—	25,96	5,50	—
Angebotsumme einschließlich Warenumsatzsteuer	—	—	1298,49	274,98	1573,47

D. Leitsätze für die Preisermittlung

1. Der Anbotpreis setzt sich aus dem Preis der Rohmaterialien, dem Arbeitslohn, den Geschäftsunkosten und dem Unternehmerverdienst zusammen.

2. Der Preis der Rohmaterialien ist stets frei Baustelle einschl. Materialunkosten und Verdienst zu ermitteln.

3. Die alljährlich von jedem Betrieb neu festzusetzenden Geschäftsunkosten (ausschließlich Material- und Maschinenbetriebsunkosten) sind auf die produktive Jahreslohnsumme umzulegen.

4. Jede unproduktive Tätigkeit muß durch die Geschäftsunkosten bezahlt gemacht werden.

5. Die produktive und unproduktive Tätigkeit des Betriebsinhabers (Geschäftsführers, Poliers) soll nicht höher bewertet werden, als der Jahresverdienst eines dauernd beschäftigten Zimmergehilfen. Höhere Ansprüche sollen durch die Geschäftsunkosten oder durch Heranziehung des Verdienstes ihre Deckung finden.

6. Für Lohnzuschläge (Überstunden, Nacht- und Sonntagsarbeit) gelten die diesbezüglichen kollektivvertraglichen bzw. gesetzlichen Bestimmungen.

7. Der Verdienst ist nicht aus den Unkosten, sondern ausschließlich aus dem Wert der verarbeiteten Rohmaterialien und aus dem produktiven Arbeitslohn zu berechnen.

8. Als angemessener Verdienst gelten 3 bis 5 % des Rohmaterialwertes und 5 bis 10 % der produktiven Lohnsumme (je nach der Höhe der Material- und Lohnumsätze).

9. Die Warenumsatzsteuer ist in der gesetzlich vorgeschriebenen Höhe in den Rechnungsbetrag einzubeziehen und kann dem Bauherrn in voller Höhe aufgerechnet werden.

10. Bei Regie- (Taglohn-)arbeiten kann dem Bauherrn für die Beistellung von Großwerkzeugen, Gerüstmaterialien usw. eine entsprechende Abnutzungsgebühr in Rechnung gestellt werden.

11. Nach Fertigstellung einer jeden Arbeit ist stets eine möglichst genaue Abrechnung (Nachkalkulation) vorzunehmen, um feststellen zu können, ob die gelegentlich der Anbotstellung aufgestellte Preisermittlung richtig war. Nur auf diese Weise ist dem Geschäftsinhaber die Möglichkeit gegeben, die Preise bei späteren ähnlichen Arbeiten derart sicher zu veranschlagen, daß er auch den schärfsten Wettbewerb erfolgreich bestehen kann.

E. Die Bekämpfung der Schleuderpreise im Baugewerbe

Eine stete Klage des Baugewerbes ist die Zerfleischung durch gegenseitiges Unterbieten der an den Anbotsausschreibungen beteiligten Baufirmen.

Ist dieses gegenseitige Unterbieten auch keine Neuerscheinung unserer Zeit, so haben sich doch die Verhältnisse infolge der geringen Bautätigkeit der letzten Jahre in einer derartigen Weise verschlechtert, daß eine Änderung der jetzigen Vergebungsbräuche — hauptsächlich bei der Ausschreibung öffentlicher Arbeiten — nicht nur im Interesse des Baugewerbes, sondern nicht minder im Interesse aller bauvergebenden Körperschaften gelegen wäre.

Die meisten Unterangebote sind teils auf Unkenntnis der tatsächlichen Verhältnisse — vor allem auf eine nicht sachgemäße Preisermittlung — zurückzuführen, teils werden sie von minder leistungsfähigen Firmen erstellt, die ohnehin nichts zu verlieren haben und aus der Arbeitsübertragung — selbst bei Schleuderpreisen — doch noch irgend einen Vorteil für sich zu erlangen hoffen.

Durch Aufträge an derartige Anbotsteller ziehen sich die bauvergebenden Stellen nur selbst die größten Unannehmlichkeiten zu; einmal ist bei einem Erstehungspreis, der sich erwiesenermaßen oft weit unter den Selbstkosten bewegt, eine wirklich sach- und fachgemäße Arbeitsdurchführung ausgeschlossen; vielmehr muß der Unternehmer in solchen Fällen zu allen möglichen Auskunftsmitteln greifen, um auf erlaubtem oder unerlaubtem Wege — sei es durch Verwendung minderwertigen Materials oder durch schleuderhafte Arbeit — einen Ausgleich seiner Verluste, oder durch Herbeiziehen seiner Ansicht nach vorhandener Lücken in der Ausschreibung, eine Grundlage für die Forderung von Preiszuschlägen zu finden. Die Folge der Vergebung von Arbeiten an solche — oft schon gewohnheitsmäßig niedrige — Anbotsteller sind Nachtragsforderungen und ständige Auseinandersetzungen während der Bauausführung. Wiederholt sind derartige Unternehmer, wenn ihre Hoffnung auf Erlangung von Preiszuschlägen gescheitert ist, gar nicht mehr in der Lage, die übernommenen Arbeiten ordnungsgemäß durchzuführen, und die Fertigstellung der Arbeiten muß einer anderen Firma übertragen werden, ohne daß sich der Bauherr zuguterletzt wegen der ungünstigen materiellen Lage des Erstersteher für die ihm nun erwachsenden Mehrkosten bezahlt machen kann.

In Deutschland, wo lange Zeit die gleichen unerträglichen Zustände bei Bauvergebungen herrschten wie bei uns und in den anderen ehemals österreichischen Ländern, wird das Verdingungsunwesen schon seit einer Reihe von Jahren in der Weise erfolgreich bekämpft, daß bei Vergabe öffentlicher Arbeiten und Lieferungen nicht mehr der niederste, sondern ausschließlich der angemessene Angebotpreis maßgebend ist. Die Bestimmung des angemessenen

Preises durch die bauvergebende Stelle ist allerdings eine Aufgabe, deren Lösung sich in vielen Fällen als nicht ganz einfach erwiesen hat. Den verschiedenen städtischen Bauämtern in Deutschland wurden im Laufe der Zeit Preisprüfungsstellen angegliedert, deren Aufgabe in der Behandlung aller mit der Vergebung von Bauarbeiten im Zusammenhange stehender Fragen, so auch in der Festlegung der Geschäftsunkosten der einzelnen Gewerbe, besteht. Die endgültige Entscheidung bei Anbotverhandlungen liegt bei dem Gemeinderat. Derartige Preisprüfungsstellen sind folgendermaßen zusammengesetzt:

1 Beamter der städtischen Preisprüfungsstelle,
2 Gemeinderäte,
1 Vertreter des betreffenden Gewerbes,
1 Vertreter des betreffenden Gewerbes, bestimmt von seiner Genossenschaft (Handwerkskammer),
1 Arbeitnehmer des betreffenden Gewerbes, bestimmt von seiner Gewerkschaft.

Als eine der am erfolgreichsten tätigen Preisprüfungsstellen ist die der städtischen Hochbauabteilung in Stuttgart bekannt, deren Einrichtung bereits des öfteren von anderen deutschen Großstädten zum Vorbild genommen wurde.

Der Vorgang bei der Vergebung von Arbeiten war ursprünglich der, daß bei sämtlichen Bauarbeiten und Lieferungen, welche von der Stadtgemeinde vergeben wurden, mit den übrigen Angeboten auch von der Preisprüfungsstelle ein Angebot eingereicht und dessen Anbotsumme bei Eröffnung der anderen Angebote mitbekanntgegeben wurde. Dieses amtliche Angebot stellte den angemessenen Preis dar. Die Arbeiten wurden in der Regel demjenigen Anbotsteller übertragen, dessen Preise sich in dem Preisrahmen von mehr oder weniger 10 vom Hundert des angemessenen Preises bewegten.

Nach einer neueren Verfügung des Gemeinderates der Stadtgemeinde Stuttgart wird der angemessene Preis seitens der Preisprüfungsstelle nicht mehr v o r, sondern n a c h Abgabe der Angebote und v o r Eröffnung derselben festgestellt.

In neuester Zeit hat endlich auch der „österreichische Arbeitgeberbund für das Baugewerbe“ zur Bekämpfung der Schleuderpreise bei öffentlichen Bauvergebungen Stellung genommen und den maßgebenden Stellen folgenden Antrag unterbreitet:

„Es ist bei jeder Angebotsverhandlung eine Grundlage für die Ermittlung der noch als ernst zu bezeichnenden Angebote in der Weise zu schaffen, daß zunächst das arithmetische Mittel aller eingelangten Angebote mit Ausschluß des höchsten und niedrigsten Angebotes gebildet wird. Hierauf werden alle Angebote, welche um mehr als 7 vom Hundert unter dem arithmetischen Mittel liegen, als nicht ernst zu nehmende ausgeschieden. Bestbieter ist sonach jener Anbieter, dessen Angebot nur um 7 vom Hundert oder weniger vom arithmetischen Mittel nach unten abweicht.“

„Bei einer Angebotsverhandlung, bei der die Angebote alle ziemlich beieinander liegen, braucht bei diesem Verfahren das billigste Angebot durchaus nicht ausgeschieden werden. Lediglich bei Ermittlung des arithmetischen Mittels soll es ebenso wie das teuerste außer Betracht bleiben“.

„Auf diese Weise würden die krassesten Auswüchse des heutigen Submissionswesens vermieden werden.“

„Auf keinen Fall hätte jedoch diese Art der Ermittlung Anwendung zu finden bei Sonderangeboten von Spezialkonstruktionen, durch welche die

Bauausführung billiger hergestellt werden kann, wodurch das Aus-dem-Rahmenfallen einzelner Angebote begründet sein kann."

Auf welche Weise immer der wirklich angemessene Preis ermittelt wird, — die Frage, welche Art der Ermittlung des angemessenen Preises die zweckmäßigste ist, mag hier unerörtert bleiben, — muß der endlich auch in Österreich erfolgte erste Schritt zur Bekämpfung des bereits unerträglich gewordenen Preisschleuderns auf das freudigste begrüßt werden! Von dem Augenblick an, wo auch bei uns der Anbotsteller wissen wird, daß ihm ein auch noch so tiefes Unterbieten und Drücken der Preise nicht zur Annahme seines Anbotes verhilft, sondern nur ein vorsichtiges, sachgemäßes Veranschlagen, werden endlich die Vorbedingungen für einen offenen, ehrlichen Wettbewerb gegeben sein, bei dem Kenntnisse, Erfahrung und Tüchtigkeit entscheiden, nicht aber — welchen Namen immer habende — Politik der offenen Türe!

Zweiter Abschnitt

Der Material- und Zeitaufwand

Einleitung

Die im folgenden Abschnitt angegebenen Arbeitszeiten stellen vielfach erprobte Durchschnittsleistungen dar. Sie enthalten den reinen Zeitaufwand (Handarbeitszeit) für die verschiedenen Bauherstellungen einschließlich der Beförderung des Materials von einem unmittelbar neben der Baustelle liegend angenommenen Lagerplatz auf den Bau.

Bei einer jeden Bauherstellung vorkommende Nebenarbeiten, wie die Bewachung des Materiallagerplatzes, das Aufräumen und Reinigen nach Fertigstellung der Arbeiten usw. müssen jeweils besonders veranschlagt werden.

Der für eine Bauherstellung erforderliche Zeitaufwand hängt selbstverständlich zu nicht geringem Teile von der Qualität des zur Verfügung stehenden Arbeitermaterials, ebenso von der Jahreszeit zur Zeit der Bauherstellung, mitunter auch noch von anderen, dem Anbotsteller meist bekannten äußeren Umständen ab, die beim Veranschlagen stets sorgfältig zu erwägen sind. Den hier angegebenen Arbeitszeiten wurden durchwegs mittlere Verhältnisse zugrundegelegt.

Richtlinien für die Ausschreibung von Zimmererarbeiten

Für die Ausschreibung (Beschreibung) der einzelnen Zimmererarbeiten empfiehlt sich die Einhaltung folgender Richtlinien:

a) Materiallieferung:

Rundholz	nach m^3	Schnittwaren	nach m^2
Baustangen .	nach Stück oder lfdm	Nägel bis 100 mm	„ kg
Kantholz von 10/10 ab .	nach m^3	„ über 100 mm	„ Stück
„ unter 10/10 . .	„ lfdm	Dachpappe	„ m^2
Latten	„ lfdm	Karbolineum	„ kg

b) Materialverarbeitung

Rund- und Kantholz	nach lfdm
Schnittwaren	nach m^2
bei Gesimsschalung auch	nach lfdm
Latten	nach lfdm
bei Auflattung auch	nach m^2
Treppen (Lieferung und Verarbeitung)	für 1 Tritt
Treppengeländer (in der Richtung des Handgriffes gemessen). . .	nach lfdm
Dachpappe	nach m^2
Karbolineum	nach m^2

Um späteren Auseinandersetzungen mit dem Bauherrn bezüglich des Umfanges einzelner Leistungen von vornherein zu begegnen, soll die Beschreibung aller in Auftrag zu nehmenden Arbeiten eine möglichst klare und vor allem eindeutige sein. Aus mancherlei Gründen besonders bei den Architekten sehr beliebte Satzwendungen wie: „nach später vorzulegender Detailzeichnung“ oder „ohne besondere Entschädigung“ oder „ist inbegriffen“ sollten aus den oben angeführten Gründen in jeder Ausschreibung sorgfältig vermieden werden.

Gewählte Abkürzungen:

Zimmererstunde = Z
Maurerstunde = M
Hilfsarbeiterstunde = H

I. Allgemeines

A. Das Schneiden des Rundholzes zu Kantholz und Schnittwaren

Das Schneiden des Rundholzes kann nach folgenden drei Klassen unterschieden werden:

1. Bau- oder Kantholz.
2. Schnittwaren (gestreift).
3. Klotzwaren (ungestreift).

Jede Art von Stammholz, die zu Kantholz und Schnittwaren eingeschnitten wird, ergibt nur einen gewissen Anteil brauchbares Rohmaterial (Nutzholz), die Nebenerzeugnisse beim Einschnitt bestehen aus den sogenannten Schwarten und dem Sägemehl; diese Nebenerzeugnisse, welche dem Nutzholz gegenüber einen nur geringen Wert besitzen, werden bei der Preisbestimmung des Nutzholzes meist ganz außer acht gelassen. Selbstverständlich muß das Verschneiden des Stammholzes in derart geschickter Weise vorgenommen werden (das sogenannte „Ausmanipulieren“ des Holzes), daß die Ausbeute an Nutzholz eine möglichst große wird (s. Abb.). Von Bedeutung für letztere ist es ferner, welche Anforderungen bezüglich der Art des Einschnittes an das Bauholz gestellt werden.

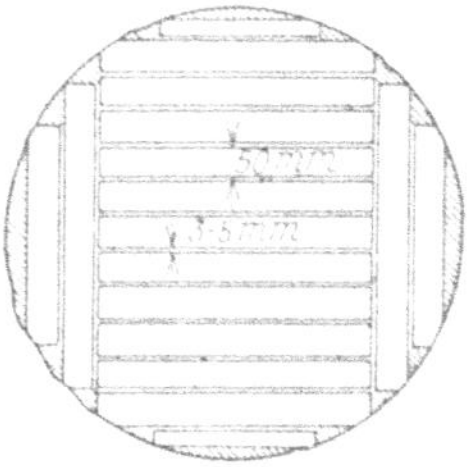

Diesbezüglich wird das Bauholz allgemein in folgende vier Klassen eingeteilt (s. Abb.):

I. Kl. Baumwalziges Bauholz (c). Das Bauholz muß am Zopfende mindestens noch die vorgeschriebene Kantholzstärke aufweisen. Zum mindesten muß die hohe Holzseite noch eine „sichtbare“ kleine Schnittfläche aufweisen.

a) b) c)

II. Kl. Bauholz mit üblicher Baumwalze (b). Hölzer, bei denen die Baumwalze, übereck gemessen, bis ein Viertel der größeren Querschnittseite an Breite aufweisen darf.

III. Kl. Vollkantiges Bauholz. Die Baumwalze ist auf allen vier Ecken gestattet und darf, übereck gemessen, ein Siebentel bis höchstens ein Sechstel der größeren Querschnittsseite betragen.

IV. Kl. Scharfkantiges Bauholz (a). Wenn nicht bei der Lieferung ausdrücklich das Vorhandensein einer Baumwalze ausgeschlossen wurde, gilt eine solche von einem Zehntel der größeren Querschnittsseite als zulässig. Gehobelte scharfkantige Hölzer dürfen an sichtbaren Flächen keine Baumwalze besitzen.

Die Forstindustrie Süddeutschlands teilt das Nadelstammholz je nach Länge des Stammes und seinem Durchmesser am Zopfende in nachstehende VI Klassen ein:

Klasse	I	II	III	IV	V	VI
Mindestlänge (in m)	18	18	16	14	10	auf 1 m über Stammhöhe mindestens noch 14 cm
Mindest-Zopfdurchmesser (in cm)	30	22	17	14	12	

Die folgende Tabelle bringt eine Zusammenstellung der durchschnittlichen Ausbeute beim Einschneiden der verschiedenen Stammholzklassen.

Ausbeutungstabelle — Nutzprozente im Durchschnitt
für die wichtigsten Zimmermannshölzer und Schnittwaren, Schwarten und Sägemehl

Holzart	Holzquerschnitt in cm^2	Holzlängen in m	Stammholzklassen	Ausbeute in Prozenten für das Festmeter (ohne Rinde)			
				Bauholz	Seitenbretter und Latten	Schwarten	Sägemehl
I. Baumwalziges Bauholz	bis 200	bis 8	V und VI	80—85	8—12	5—10	7—12
	„ 300	„ 6	III „ IV	76—80	10—12	6—8	8—10
	„ 300	„ 10	III „ IV	70—72	12—15	5—7	10—12
	„ 300	„ 10	II „ III	65—68	16—20	6—8	12—14
	„ 400	„ 10	II „ III	54—56	25—30	7—9	12—16
II. Bauholz mit üblicher Baumwalze	bis 300	bis 6	II bis IV	69—71	12—16	5—8	11—15
	„ 400	„ 10	II „ IV	65—67	15—18	6—7	12—16
	„ 400	„ 14	II „ IV	50—60	22—30	7—8	13—16
III. Vollkantiges Bauholz	bis 300	bis 8	III und IV	56—60	18—21	7—10	12—16
	„ 400	„ 14	II „ III	48—52	26—32	6—12	12—18
IV. Scharfkantiges Bauholz	bis 300	bis 8	II bis IV	49—52	24—28	8—10	14—16
	„ 400	„ 14	II und III	44—48	26—34	8—10	13—17

B. Die Preisbildung des Bau- und Schnittholzes

Das nachstehende Beispiel soll die Art und Weise, wie der Preis des Bau- und Schnittholzes aus dem Preise des geschlägerten Rundholzes abgeleitet wird, veranschaulichen.

Beträgt der Stockpreis des Rundholzes x, so können die Kosten der gesamten „Waldmanipulation“ (das sind Fällen, Entwurzeln, Abrinden des Stammes und Zustreifen desselben bis zu einem fahrbaren Weg) samt Zufuhr zum Sägewerk, einschließlich Abladen, bzw. samt Zufuhr zur nächstgelegenen

Bahnstation einschließlich Verladen, bei einer Entfernung bis zu 5 km vom Sägewerk, bzw. von der Bahnstation mit etwa 100% des Stockpreises, für jeden Kilometer Mehrentfernung mit weiteren etwa 10% des Stockpreises veranschlagt werden.

Die Kosten des Einschneidens im Sägewerk samt allen mit dem Einschnitt im Zusammenhange stehenden sonstigen Ausgaben können

a) für „laufende" Ware mit 33% des Rundholzpreises frei Säge,

b) für „nach Liste" eingeschnittene Ware mit 45 bis 50% des Rundholzpreises frei Säge veranschlagt werden.

Zum Beispiel. Holzgewinnung etwa 9 km vom Sägewerk entfernt; Einschnitt laufender Ware:

Stockpreis für 1 Festmeter	10,—
Fällen, Entwurzeln	2,—
Wälzen, Zustreifen	2,—
Zufuhr samt Abladen	10,—
Preis frei Säge	24,—
Einschnitt 33%	8,—
Wert des Stammholzes nach dem Schneiden	32,—

Bei einer Ausbeute an Nutzholz (Bauholz und Seitenbretter) von 73% berechnet sich der Preis von 1 m³ Kantholz samt Seitenware ohne Berücksichtigung der Abfälle zu . . . $P = \frac{32.100}{73} = 44,-$

II. Die Bearbeitung des Holzes

A. Beschlagen der Stämme zu Bauholz

1 lfdm Stamm mit üblicher Baumwalze bis vollkantig vierseitig sauber zu beschlagen: *1*

Behauen eines Stammes vom Durchmesser in cm	auf einen Holzquerschnitt in cm	Zeitaufwand in Z-Stunden für		Abfall
		Weichholz	Hartholz	
10	6/8 bis 7/7	0,2	0,25	a) beim Eichenholz, je nach der Stärke des Kantholzes, der Form und dem Wuchs des Stammes 30 bis 40%
13	8/10 „ 9/9	0,25	0,35	
15	9/12 „ 10/10	0,35	0,5	
17	10/14 „ 12/12	0,4	0,55	
20	12/16 „ 14/14	0,45	0,7	
25	15/20 „ 17/17	0,6	0,9	
30	18/24 „ 21/21	0,87	1,1	b) beim Nadelholz, je nach der Art des Bauholzes, ob dasselbe baumwalzig, scharfkantig usw. ist, 10 bis 25%
35	21/28 „ 24/24	1,1	1,5	
40	24/32 „ 28/28	1,3	1,8	
45	27/36 „ 31/31	1,6	2,6	
50	35/40 „ 35/35	2,5	3,0	

B. Bearbeitung des Kantholzes

Nr.		Beschreibung der Arbeiten	Zeitaufwand für Weichholz Z	Zeitaufwand für Hartholz Z
2	Abrunden der Kanten	1 lfdm Kante abzurunden	0,05	0,07
3	Ausfalzen	1 lfdm Falz (3/3,5 cm) herzustellen	0,12	0,15
4	Bohren von Löchern für Schrauben	1 Schraubenloch zu bohren, für je 10 cm Lochtiefe bis 20 cm . . . . . für je 5 cm weitere Bohrung. . . .	0,02 d 0,0125 d	0,03 d 0,020 d
5	Einstemmen von Zapfenlöchern	1 Stück 5 cm tiefes Zapfenloch einzustemmen Lochgröße 4/12 4/15 5/14 5/18 6/17 cm Zeitaufwand 0,10 0,13 0,13 0,15 0,15 Z [Bei Einstemmen von Löchern in die Höhe Zuschlag von 20%, ohne Gerüstherstellung]	0,1 ÷ 0,15	—
6	Fasen	1 lfdm Kante abzufasen	0,05	0,07
7	Hobeln	1 m² Kantholz, lufttrocken, nicht durch Sand verunreinigt, zu hobeln: je nach den Holzabmessungen, beschlagen . . . . je nach den Holzabmessungen, gesägt	0,25 ÷ 0,35 0,2 ÷ 0,3	0,35 ÷ 0,45 0,25 ÷ 0,35
8	Nuten	1 lfdm Nut (3/3 cm) herzustellen	0,15	0,20
9	Zähne anarbeiten	1 lfdm Zähne für verzahnte Balken anzuarbeiten, d. i. die Zähne einzuschneiden und ineinander zu passen, die Berührungsflächen der beiden Hölzer abzuhobeln und aufeinander zu passen, die Balken abzuschnüren und mehrmals aufeinander zu setzen, bei B cm Balkenbreite	0,045 B	0,067 B
10	Zersägen	1 lfdm Kantholz der Länge nach durchzusägen, für jeden cm Holzstärke	0,03	0,04

C. Bearbeitung des Schnittholzes (Bretter und Latten)

	Beschreibung der Arbeiten	Zeitaufwand für Weichholz Z	Zeitaufwand für Hartholz Z	
Falzen	1 lfdm Brettkante zu falzen	0,045÷0,065	—	*11*
Fugen	1 lfdm Brett oder Latte zu fugen [Werden Latten auf zwei oder drei Seiten gehobelt, so ist der Zeitaufwand so zu veranschlagen, wie wenn sie gefugt werden]	0,04÷0,05	—	*12*
Hobeln	1 m² Bretter (weich, lufttrocken, nicht sandig) zu hobeln	0,25÷0,35	—	*13*
Nuten oder Spunden	1 lfdm Brettkante zu nuten	0,065	—	*14*
Profilieren	1 lfdm Brettkante zu stäben, zu kehlen und abzurunden, bis zu 5 cm abgewickelte Kantenfläche	0,20	—	*15*
	1 lfdm Brettkante, wie vor, jedoch bis zu 10 cm abgewickelte Kantenfläche	0,30	—	
	1 m², wie vor, jedoch über 10 cm abgewickelte Kantenfläche	2,40	—	

Maschinenarbeit

Bei Maschinenarbeit können für die vorangeführten verschiedenen Arten der Bearbeitung des Schnittholzes nachstehende Maschinenzeiten in Minuten (inbegriffen Bedienung durch 1 Maschinenarbeiter und 1 Hilfsarbeiter) angenommen werden:

	Zeitaufwand	
Fugen und Falzen: 1 m² lufttrockene weiche Bretter verschiedener Breite und Länge zu fugen und zu falzen	2 Minuten	*16*
Hobeln: 1 m² Bretter, wie vor, einseitig auf gleichmäßige Dicke zu hobeln	2 „	*17*
1 m² Bretter, wie vor, beiderseits zu hobeln	3 „	
Hobeln und Spunden: 1 m² Bretter einseitig und auf gleiche Breite und Dicke zu hobeln und zu spunden	6÷8 „	*18*

III. Holzdecken

A. Allgemeine Angaben

Alle den nachfolgenden Materialzusammenstellungen für verschiedene Deckenarten zugrunde gelegten Balkenabmessungen sind unter der Annahme der gewöhnlichen (Nutz-)Belastung für Wohnräume mit 250 kg/m² berechnet.

Die angesetzten Raumtiefen sind Lichtmaße von Mauergrund zu Mauergrund entlang der Balkenlängen gemessen, und bedeuten somit die freie Länge der Deckenbalken. Die ausgeworfenen Balkenstärken entsprechen einer Tragfähigkeit von 500 kg/m², das ist der zufälligen Last (Nutzlast) für gewöhnliche Wohnräume (250 kg/m²), vermehrt um das Eigengewicht der Decke (250 kg/m²).

Bei Decken mit Unterzügen ist für die Preisberechnung als Raumtiefe die Entfernung der Stützpunkte der Deckenbalken (von Mauer zu Unterzug oder von Unterzug zu Unterzug) anzunehmen, und sind die Unterzüge mit ihren Stützen besonders zu verrechnen.

Sollen Decken für andere als zu gewöhnlichen Wohnräumen bestimmte Baulichkeiten hergestellt werden, dann erfolgt die Berechnung der Balkenstärken nach den betreffenden baubehördlichen Vorschriften.

Stockwerkszuschlag. Die Deckenbalken sind im Mittel 1 m weit voneinander gelegt angenommen und bezieht sich der für sämtliche Deckenteile berechnete Zeitaufwand auf die Herstellung von Decken in der ersten Geschoßhöhe von 4 bis 5 m über dem Erdboden. Für höher zu verlegende Decken ist der Preis, wo nicht besonders angegeben, für jedes Stockwerk um $^1/_2$ % des aus der Berechnung ersichtlichen Arbeitslohnes zu erhöhen.

Das Unterlegen der Balkenköpfe mit durchlaufender Mauerlatte (Rastschließe) entlang der Mauerauflager ist in sämtlichen hier angegebenen Aufstellungen inbegriffen.

Die folgende Zusammenstellung gibt die größten zulässigen Stützweiten für die gebräuchlichen Balkenstärken und Belastungen an, und zwar beträgt nach obigen Belastungsangaben das Eigengewicht und die zufällige Belastung für 1 m² Decke:

a) für gewöhnliche Wohnräume . . . . 250 + 250 = 500 kg/m²
b) für Gänge, Tanz- und Konzertsäle usw. . . . . 250 + 400 = 650 kg/m²
c) für Geschäftsräume usw. in den Stockwerken 250 + 450 = 700 kg/m²

Für eine zulässige Biegebeanspruchung des Holzes von 80 kg/cm² ergibt sich die größte zulässige freie Balkenlänge in Zentimetern:

Balkenabmessungen	Wohnräume 500 kg/m²			Gänge usw. 650 kg/m²		Geschäftsräume usw. 700 kg/m²	
	Freie Balkenstützweite bei einer Entfernung der Balken von Mitte zu Mitte von						
	80 cm	90 cm	100 cm	80 cm	100 cm	80 cm	100 cm
10/16	260	245	235	225	205	210	195
10/18	290	275	260	255	230	240	220
13/16	295	280	265	260	235	245	225
13/18	335	315	300	290	260	270	250
16/18	370	350	330	325	290	300	280
16/21	430	405	385	375	335	350	325
16/24	495	465	440	430	385	405	370
18/24	525	495	470	460	410	430	395
18/26	570	535	510	500	445	465	430
21/26	615	580	550	540	480	500	465
18/29	635	600	565	555	495	520	480
21/29	685	645	610	600	535	560	515
24/29	730	690	655	640	575	600	550
24/32	805	765	725	705	630	660	610

Nachfolgende Tabelle ermöglicht für verschiedene zulässige Biegebeanspruchungen (σ kg/cm²) die unmittelbare Ermittlung der günstigsten Querschnittsabmessungen der Deckenbalken aus der gegebenen Stützweite und Belastung und gibt gleichzeitig die elastische Durchbiegung des gewählten Balkenquerschnittes an.

Tabelle
zur unmittelbaren Ermittlung der günstigsten Querschnittsabmessungen von Rechteckbalken aus der Stützweite und Belastung

l . . . Stützweite; q . . . Belastung für das Lfm; $h_{cm} = \alpha \,.\, l_m$; $b_{cm} = \beta \,.\, q$ kg/cm

$\sigma_b = 80$ kg/cm²			$\sigma_b = 90$ kg/cm²			$\sigma_b = 100$ kg/cm²			Elastische Durchbiegung
$l_m : q$ kg/cm	α	β	$l_m : q$ kg/cm	α	β	$l_m : q$ kg/cm	α	β	f
360	3,33	8,45	220	3,74	5,94	145	4,17	4,32	$^1/_{200}$
180	4,17	5,40	115	4,67	3,82	75	5,21	2,76	$^1/_{250}$
100	5,00	3,75	65	5,62	2,64	45	6,25	1,92	$^1/_{300}$
65	5,84	2,76	40	6,57	1,93	30	7,30	1,41	$^1/_{350}$
45	6,67	2,11	25	7,52	1,47	20	8,33	1,08	$^1/_{400}$
30	7,50	1,67	20	8,44	1,17	15	9,38	0,85	$^1/_{450}$
25	8,33	1,35	15	9,34	0,96	10	10,40	0,69	$^1/_{500}$

B. Balkenlagen

Vorbemerkung: a) Bei den nachstehend angegebenen Arbeitszeiten ist angenommen, daß der Holzlagerplatz von der Baustelle nicht mehr als 20m entfernt ist; bei größeren Entfernungen, insbesondere auch, wenn die Baustelle auf einer Anhöhe gelegen und daher schwer zugänglich ist, muß der erhöhte Zeitaufwand für die Beförderung der Materialien besonders veranschlagt werden.

b) Der angegebene Zeitaufwand hat nur für Gebäudehöhen bis zu 8m (bis Dachgesimse) Geltung. Für größere Gebäudehöhen ist für jeden Meter Mehrhöhe ein Zeitzuschlag von $^1/_2$÷1 Minute für den lfdm Holz (oder von 1,5 H/m³) für je 4m Mehrhöhe anzusetzen.

c) Bei beschlagenem Holz ist für die Bearbeitung ein durchschnittlicher Zeitzuschlag von 5% zu veranschlagen.

1 lfdm Deckenbalken (Träme) von 200 bis 320 cm² Querschnittfläche (10/18, 14/14, 14/20, 18/18 cm usw.), frei Baustelle zu liefern, ohne Verwendung von Mauerlatten (Rastschließen) anzuarbeiten, aufzuziehen und zu verlegen: 19

Kantholz . . . . 1,05 m′
Zeitaufwand { Weichholz . . . 0,25÷0,30 Z
Hartholz . . . . 0,40÷0,60 Z

1 lfdm Deckenbalken (Träme) von 330 bis 500 cm² Querschnittfläche (16/22, 18/24, 22/22, 20/25 usw.), sonst wie vor: 20

Kantholz . . . . 1,05 m′
Zeitaufwand { Weichholz . . . 0,37÷0,40 Z
Hartholz . . . . 0,60÷0,70 Z

1 lfdm Deckenbalken wie vor, jedoch mit Mauerlatten, die Balken aufgekämmt: Zeitaufwand 0,50 Z 21

1 lfdm Deckenbalken aus durchwegs schwächerem Holz für Siedlungsbauten (Reihenhäuser), Querschnitt 8/18, 10/20 usw. ohne Verwendung von Mauerlatten, sonst wie Nr. 19: 22

Kantholz . . . . 1,05 m′
Zeitaufwand . . 0,20 Z

23 1 lfdm Mauerlatten 10/10 bis 10/14 (10/15) cm, an den Stoßstellen entsprechend zusammengearbeitet, sonst wie Nr. 19

Kantholz . . . . 1,05 m′

Zeitaufwand { Weichholz . . . 0,25 ÷ 0,35 Z
Hartholz . . . . 0,40 Z.

Anmerkung: Bei Balkenlagen zwischen Walzträgern kommt für den Mehrverschnitt und die Mehrarbeit ein Zuschlag zu obigen Ansätzen von 10 bis 15 % hinzu, welcher von der Verlagsweite der Walzträger abhängt. Je kleiner die Verlagsweite, desto größer ist der Zuschlag und umgekehrt.

C. Zwischendecken

24 1 m² Sturzbodenschalung aus 1″ starken, etwa 20 cm breiten, rauhen

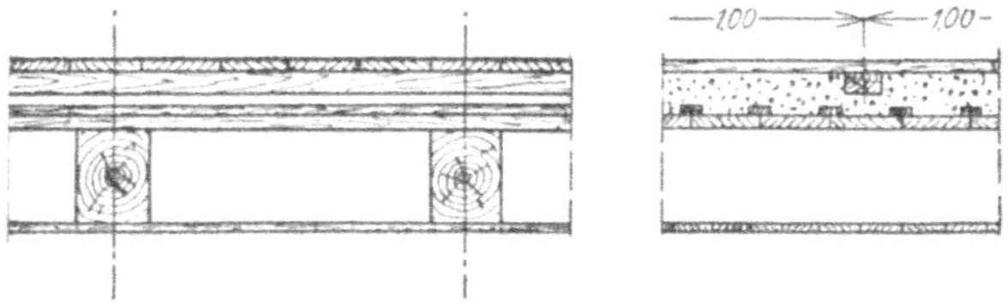

Brettern, mit 2,5 cm Übergreifung der Bretter zur Fugendeckung, frei Baustelle zu liefern und zu befestigen

Bretter . . . . 1,25 m²
Nägel . . . . 25 St. 42/120
Zeitaufwand . . . . . 0,4 Z

25 1 m² Sturzbodenschalung, wie vor, jedoch mit Überlattung der Bretterstoßfugen (Decklatten 2/5 cm)

Bretter . . . . 1,05 m²
Decklatten . . . . . 5,5 ÷ 7,0 m′
Nägel . . . . 20 St. 31/70, 15 St. 28/50
Zeitaufwand . . . . 0,5 ÷ 0,55 Z

26 1 m² Sturzbodenschalung, wie vor, jedoch aus gefalzten Brettern

Bretter . . . . 1,20 m²
Nägel . . . . 25 St. 31/70
Zeitaufwand . . . . 0,5 Z

27 1 m² Streifboden (Schutzdecke, Einschubdecke) aus ³/₄″ starken Brettern (oder Schwarten) auf seitlich an die Deckenbalken zu nagelnden Traglatten (Ablatten, Stumpenlatten) 1×2″ herzustellen; die Bretter (Schwarten) mit Pappe auszulegen, die an den Balken aufzubiegen ist und die Gefache mit trockener Kesselasche (geglühtem Sand) bis etwa 1¹/₂ cm unter Oberkante Balken etwa 8 cm hoch auszufüllen:

Bretter . . . . 1,0 m²
Latten . . . . 2,8 m′
Nägel . . . . 10 St. 31/65
Pappe . . . . 1,4 m²
Kesselasche . . . . 100 l

Zeitaufwand . . . { 0,55 Z
0,90 H.

1 m^2 Streifboden, wie vor, jedoch die Bretter etwa 3 cm stark mit *28*
Strohlehm zu bestreichen und die Gefache mit trockener Kesselasche wie vor, auszufüllen

Strohlehm	0,03 m^3
Kesselasche	80 l
Zeitaufwand. . .	0,5 Z 0,9 H.

1 m^2 Einschubdecke aus 1″ starken, rauhen Brettern, die Bretter *29*
zwischen den Deckenbalken auf seitlich an diesen zu befestigenden Trag-

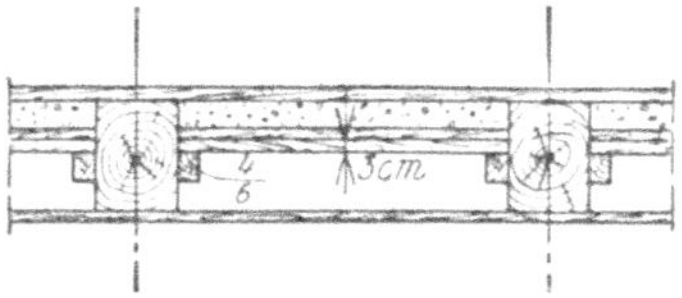

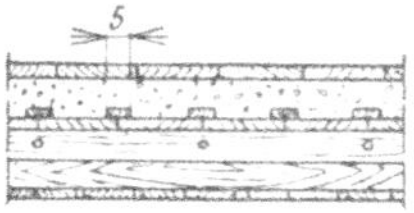

latten 4/6 cm verlegt (Balkenentfernung von Mitte zu Mitte 1,0 m) samt Nagelung und Überlattung der Bretterstoßfugen mit Decklatten 2/6 cm, die Balken mitgemessen:

Bretter	1,0 m^2
Traglatten	2,2 m′
Decklatten	4 ÷ 5 m′
Nägel	8 St. 60/160, 20 St. 31/70
Zeitaufwand.	0,7 Z

Anmerkung: 1 lfdm Traglatten anzubringen 0,05 Z.

1 m^2 Einschubdecke, wie vor, jedoch ohne Traglatten, bei Ein- *30*
legen der Bretter in einen 2 cm tiefen Randfalz

Zeitaufwand . . . . . 0,85 Z (samt Ausstemmen des Randfalzes).

1 m^2 Einschubdecke, wie vor, jedoch bei Einlegen der Bretter in *31*
einen 2 cm tiefen Mittelfalz

Zeitaufwand. . . . . 0,95 ÷ 1,0 Z.

D. Deckenschalung

1 m^2 Auflattung aus 24/48, 18/48, 18/45 mm Latten, als Deckenlattung *32*
für die Unterlagen der Gipsdecken (Plafonds) mit 10 bis 12 mm weiten Fugen, frei Baustelle zu liefern und anzubringen

Latten	18 m′	
Nägel	40 St. 31/65	(wenn einfach genagelt)
	75 St. 31/65	(wenn doppelt genagelt)
Zeitaufwand. . .	0,3 Z	(wenn einfach genagelt)
	0,4 Z	(wenn doppelt genagelt).

1 m^2 Rohrdeckenschalung (Stukkaturschalung) aus 1/2″ oder *33*
3/4″ starken, rauhen, 8 cm breiten, bei größerer Breite gespaltenen Brettern, frei Baustelle zu liefern und anzubringen

Bretter	1,0 m^2
Nägel	35 St. 28/50 (31/65)
Zeitaufwand.	0,4 Z.

34 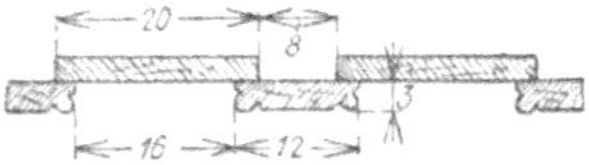

1 m² sichtbare Deckenschalung als Stülpschalung (2,5 cm Übergriff) aus gehobelten 3/4″ (23 mm) starken, 20 cm breiten Brettern, sonst wie vor:

Bretter . . . . 1,25 m²
Nägel. . . . . 25 St. 31/65
Zeitaufwand . . . . 0,5 Z.

35 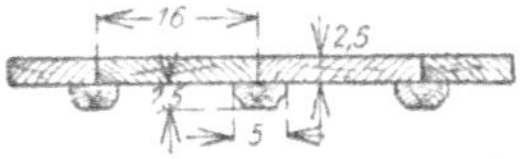

1 m² Deckenschalung, wie vor, jedoch mit von unten über die Fugen gelegten gekehlten Leisten 2/5 cm (24/48 mm):

Bretter . . . . 1,05 m²
Deckleisten . . . . . 6,0 m′
Nägel. . . . . . . { 25 St. 31/65 / 25 St. 28/50 }
Zeitaufwand. . . . . 0,65 Z.

36 1 m² Deckenschalung, wie vor, jedoch aus gefalzten oder gespundeten Brettern:

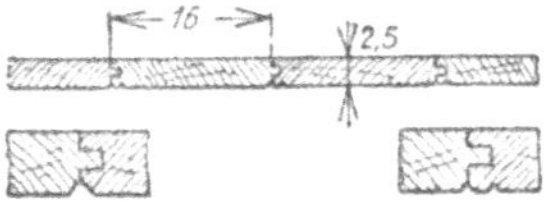

Bretter . . . . 1,20 m²
Nägel . . . . 35 St. 31/65
Zeitaufwand. . . { 1,0 Z (gefalzte Bretter) / 1,5 Z (gespundete Bretter). }

E. Stakerarbeiten

37 1 m² Balkenlage mit Lehm aufzuschütten, die Balken mitgemessen:

8 cm hoch . . . . 0,06 m³ Lehm . . . . 0,6 H
10 cm „ . . . . 0,08 m³ „ . . . . 0,7 H
12 cm „ . . . . 0,10 m³ „ . . . . 0,8 H
(Stockwerkszuschlag 0,15÷0,20 H)

38 1 m² Stülpdecke mit Lehm betragen:

6 cm hoch . . . . 0,06 m³ Lehm . . . . 0,7 H
8 cm „ . . . . 0,08 m³ „ . . . . 0,8 H

39 1 m² Koksasche oder Sand zwischen den Fußbodenlagern auf einer Kellerdecke aufbringen:

8 cm hoch . . . . 0,08 m³ . . . . 0,2 H
10 cm „ . . . . 0,10 m³ . . . . 0,3 H

40 1 m² Windelboden herzustellen, samt Lehmputz:

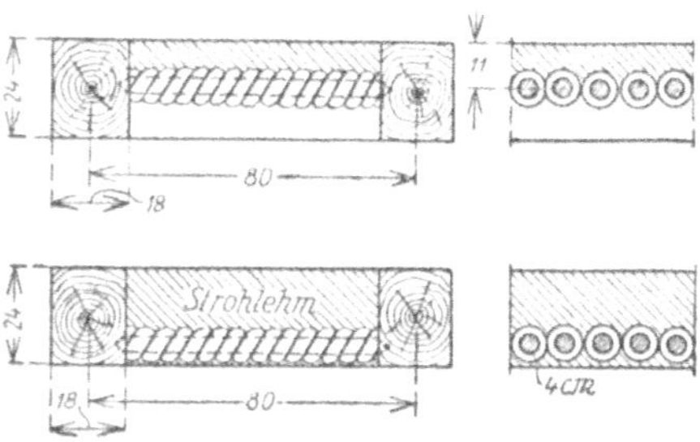

		Halber Windelboden	Ganzer Windelboden	Lehmputz
Lehm	m³	0,10	0,15	0,3
Stakhölzer . . .	Rm	0,04	0,04	—
Stroh	kg	0,50	0,50	1,2
Sand	m³	0,08	0,08	—
Zeitaufwand	Staker-Stunden	0,80	1,30	0,8
	H	—	—	0,4

F. Dübeldecken

Vorbemerkung:
Die Dübeldecken sind nach der Formel

$$P = \frac{b \cdot h^2}{L} \cdot \frac{\sigma B}{10}$$

berechnet, wobei b, h die Querschnittsabmessungen, L die Stützweite der Dübelbalken in Zentimetern, σ_B die Bruchfestigkeit für Tannenholz, $\sigma_B = 600$ kg/cm², der Wert 10 die angenommene Sicherheit bedeuten. Die Belastung ist auf die ganze Länge der Balken verteilt angenommen.

Da die für 1 m² verlangte Tragfähigkeit mit 450 kg angenommen wird, so beträgt die für 1 lfdm Decke erforderliche Tragfähigkeit bei einer Raumtiefe von

3 m	1350 kg;	Dübeldecke von	9 cm	Stärke trägt	1620 kg
4 „	1800 „	„ „	12 „	„ „	2160 „
5 „	2250 „	„ „	14 „	„ „	2352 „
6 „	2700 „	„ „	17 „	„ „	2892 „
7 „	3150 „	„ „	20 „	„ „	3428 „
8 „	3600 „	„ „	22 „	„ „	3630 „
9 „	4050 „	„ „	25 „	„ „	4166 „
10 „	4500 „	„ „	28 „	„ „	4704 „

1 m² Dübeldecke aus geschnittenen Dübelbalken herzustellen, wobei das Rundholz auf zwei Seiten behauen und in der Mitte der Länge nach zersägt wird (Bearbeiten des Holzes, Aufziehen, Legen und Verdübeln): 41

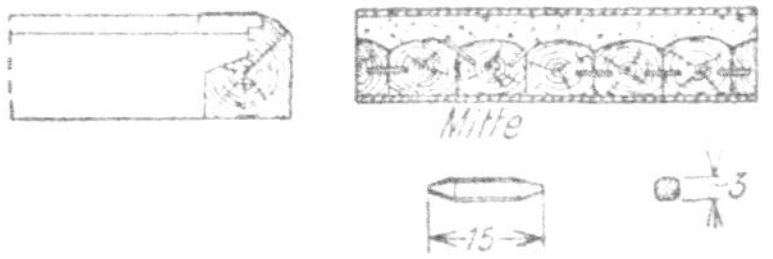

Raumtiefe bis zu	3 m (Deckenstärke 9 cm)		4 m (Deckenstärke 12 cm)		5 m (Deckenstärke 14 cm)		6 m (Deckenstärke 17 cm)		7 m (Deckenstärke 20 cm)	
	Querschnitt	Länge m	Querschnitt	Länge m	Querschnitt	Länge m	Querschnitt	Länge m	Querschnitt	Länge m
Rastschließen 10/15 oder 12/12	—	0,67	—	0,50	—	0,40	—	0,33	—	0,29
Rundholz einschl. Dübel	Φ 18 cm	4,11	Φ 24 cm	2,77	Φ 28 cm	2,27	Φ 34 cm	1,78	Φ 40 cm	1,39
Zeitaufwand	3,5 Z.		4,0 Z.		4,5 Z.		5,0 Z.		5,5 Z.	

1 m² Dübeldecke, wie vor, jedoch aus behauenen Dübelbalken herzustellen, wobei die Stämme auf drei Seiten rein bearbeitet werden: 42

Raumtiefe bis zu	6 m (Deckenstärke 17 cm)		7 m (Deckenstärke 20 cm)		8 m (Deckenstärke 22 cm)		9 m (Deckenstärke 25 cm)		10 m (Deckenstärke 28 cm)	
	Querschnitt	Länge m	Querschnitt	Länge m	Querschnitt	Länge m	Querschnitt	Länge m	Querschnitt	Länge m
Rastschließen 10/15 oder 12/12	—	0,33	—	0,29	—	0,25	—	0,22	—	0,20
Rundholz einschl. Dübel	Φ 21 cm	6,0	Φ 25 cm	5,0	Φ 27 cm	4,5	Φ 31 cm	4,0	Φ 35 cm	3,6
Zeitaufwand	7,2 Z.		8,0 Z.		8,5 Z.		9,0 Z.		10,0 Z.	

43 1 m² Dübeldecke aus bereits bearbeitet geliefertem Holz herzustellen:

Raumtiefe bis zu	3 m	4 m	5 m	6 m	7 m	8 m	9 m	10 m
Rastschließen 10/15 oder 12/12	0,67 m lang	0,50 m lang	0,40 m lang	0,33 m lang	0,29 m lang	0,25 m lang	0,22 m lang	0,20 m lang
Balken	9/9 lg. 11,10	12/12 lg. 8,33	14/14 lg. 7,14	17/17 lg. 5,88	20/20 lg. 5,00	22/22 lg. 4,54	25/25 lg. 4, 0	28/28 lg. 3,58
Zeitaufwand	0,5 Z.	0,65 Z.	0,75 Z.	0,90 Z.	1,05 Z.	1,15 Z.	1,35 Z.	1,55 Z.

44 1 lfdm lärchene Rastschließen anzuarbeiten, aufzuziehen und zu legen: 0,35 Z.

G. Verschiedene Balkendecken

45 1. 1 m² Balkendecke aus auf den Mauerlatten aufgekämmten, rauhen Balken und rauhem Sturzboden aus 5/4″ starken Brettern, mit Überlattung der Bretterstoßfugen, frei Baustelle zu liefern und über Erdgeschoß herzustellen.

Raumtiefe 4,0 m:

Erforderliches Material: Mauerlatten . . . . . . 10/15 (12/12) cm . . . 0,50 m′
Balken . . . . 16/24 cm . . . . 1,05 m′
Bretter . . . . 5/4″ . . . . 1,05 m²
Decklatten . . . . 2/5 cm . . . . 6,0 m′
Nägel . . . . 20 St. 40/100, 15 St. 31/65

Zeitaufwand: Mauerlatten (lt. Nr. 23) . . . . . 0,5 × 0,35 = 0,18 Z
Balken (lt. Nr. 21) . . . . 1,05 × 0,5 = 0,53 „
1 m² Sturzbodenschalung samt Decklatten ~ 0,70 „
Gesamter Zeitaufwand . . . 1,41 Z

Materialaufwand bei verschiedenen Raumtiefen

Raumtiefe	5,0 m	6,0 m	7,0 m
Mauerlatten 10/15 oder 12/12	0,4 m′	0,33 m′	0,29 m′
Balken 1,05 m′	18/26	22/28	26/30
Sturzbodenschalung	1,0 m²		

46 2. 1 m² Balkendecke, wie vor, jedoch aus an den drei sichtbaren Seiten gehobelten Balken und an der Unterseite gehobeltem Sturzboden, mit Übergreifung der Bretter zur Fugendeckung und Abfasung aller scharfen Kanten:

Raumtiefe 4,0 m (Balken 16/24 cm):

Zeitaufwand für Hobeln und Fasen:

0,64 m² Balken dreiseitig abhobeln und abfasen (lt. Nr. 7 und 6):

0,64 m² × 0,3 Z = 0,19 Z
2,0 m′ × 0,05 „ = 0,10 „
Zusammen . . . 0,29 Z

47 3. 1 m² Balkendecke (bei 4 m Raumtiefe) aus einfachen, rauhen Balken, einer 1″ starken Einschubdecke zur Aufnahme der Schuttanschüttung und einer ½″ starken Rohrdeckenschalung herzustellen.

Mauerlatten	10/15 (12/12) cm . . .	0,50 m′
Balken	16/24 cm	1,05 m′
Einschubdecke . . .	1,0 m² lt. Nr. 29	
Rohrdeckenschalung	1,0 m² lt. Nr. 33.	

4. 1 m² Balkendecke mit doppelter Balkenlage (**Fehltramdecke**), wobei sowohl für die Einschubdecke als für den Rohrdeckenverputz besondere Balken (Fehlträme) eingelegt werden, mit 1″ starkem Sturzboden und ³/₄″ starker Rohrdeckenschalung herzustellen. 48

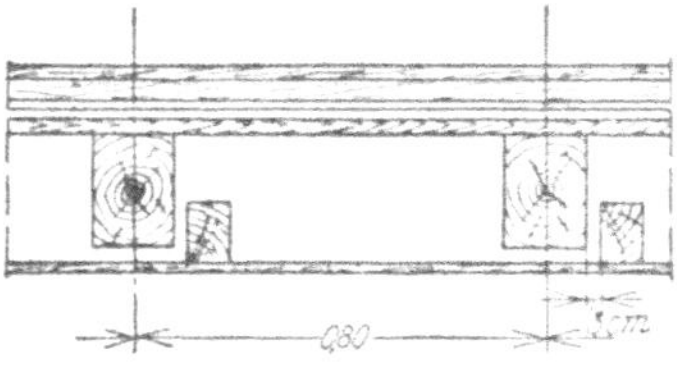

Raumtiefe	4,0 m	4,5 m	5,0 m	5,5 m	6,0 m	6,5 m	7,0 m
Mauerlatt. 10/15(12/12) cm m′	0,50	0,44	0,40	0,36	0,33	0,31	0,29
Balken . . . . 1,05 m′	18/26	21/26	21/29	22/32	26/31	26,34	27/36
Fehlbalken. . . . . . 1,05 m′	10/14	11/14	12/16	13/16	13/18	14/18	14/19
Sturzbodenschalung	1,0 m²						
Rohrdeckenschalung	1,0 m²						

Zeitaufwand bei 4 m Raumtiefe

Mauerlatten	0,50 m′ × 0,35 Z	= 0,18 Z
Balken	1,05 m′ × 0,50 „	= 0,53 „
Fehlbalken.	1,05 m′ × 0,25 „	= 0,27 „
Sturzbodenschalung	1,0 m²	= 0,55 „
Rohrdeckenschalung	1,0 m²	= 0,40 „
Gesamtzeitaufwand . . .		1,93 Z ∾ 2,0 Z.

H. Holz-Eisendecken

(Tram-Traversendecken)

Die Walzträger, welche in jedem Fensterschaft aufliegen und nach der Breite des Gebäudes liegend angeordnet sind, werden gleichzeitig als Mauerverankerung verwendet. Nach der Länge des Gebäudes laufend, werden gewöhnlich am Fuß der Walzträger von Meter zu Meter die Deckenbalken eingelegt, welche über den Unterflansch der Walzträger hinweg verklammert werden und sowohl die Sturzbodenschalung als auch die Rohrdeckenschalung aufnehmen.

Der Berechnung der Decken wurden folgende Annahmen zugrunde gelegt:

1. Die zufällige Belastung des Raumes beträgt. . 250 kg/m²
2. Das Eigengewicht der Decke:
   a) mit Walzträgern . . . . 260 „
   b) ohne Walzträger . . . . 240 „

   Die Gesamtlast für 1 m² Decke beträgt daher 510 bzw. 490 kg.
3. Die Tragfähigkeit und das Gewicht der Walzträger wurden nach den Normaltypen des österreichischen Ingenieur- und Architektenvereines ermittelt.
4. Als rechnungsmäßige Stützweite der Walzträger wurde die um 30 cm vergrößerte Lichtweite angenommen. Die Auflagerung der Walzträger erfolgt auf Auflagersteinen oder auf 10 bis 12 mm starken Eisenplatten. Auflagertiefe etwa 30 cm. Zulässige Beanspruchung der Walzträger $\sigma_e = 1200$ kg/cm².

Zur Ermittlung der erforderlichen Walzträgerprofile (und zwar sowohl österreichischer als deutscher Normalprofile) aus dem gegebenen Biegemoment und bei einer zulässigen Eisenbeanspruchung von $\sigma_e = 1200$ kg/cm² dienen die beiden nachstehenden Nomogramme.

Bestimmung des erforderlichen Walzträgerprofils aus dem Biegemoment ($\sigma_e = 1200$ kg/cm²)

Deutsche Normal-I-Eisen

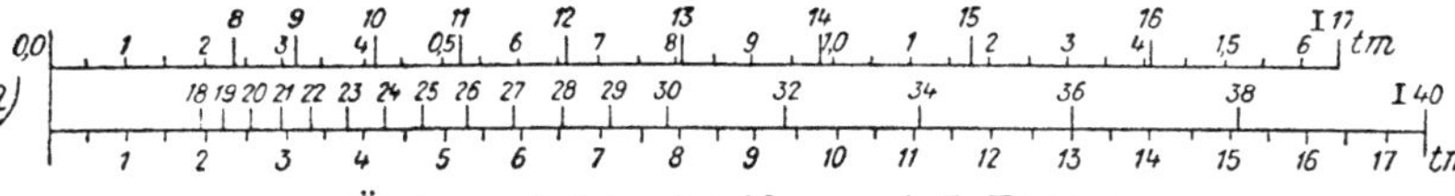

Österreichische Normal-I-Eisen

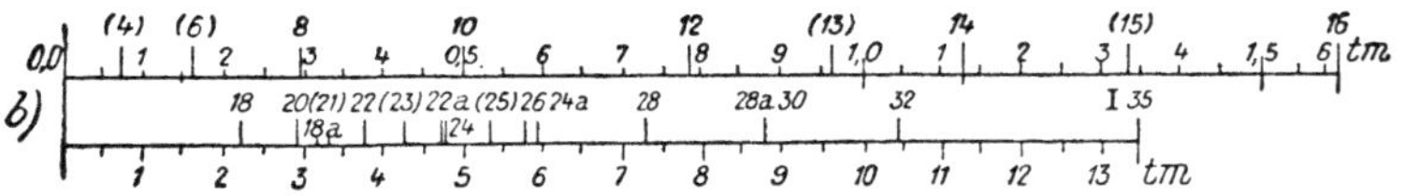

49 Materialaufwand für 1 m² Decke

Abstand der Walzträger von Mitte zu Mitte	Raumtiefe (lichte Weite)	Walzträger-normal-profil	Holz: Deckenbalken		Holz: Sturzbodenschalung	Holz: Rohrdeckenschalung	Eisen: Walzträger	Eisen: Unterlagsplatten	Eisen: Klammern
m	m	I	Querschnitt	Länge m′	m²	m²	kg	kg	kg
2,0	4,0	18	11/15	1,25	1,0	1,0	14,1	1,0	0,23
2,0	5,0	18a	10/15	1,20	1,0	1,0	18,1	0,9	0,23
2,0	6,0	24a	10/15	1,17	1,0	1,0	25,4	0,7	0,21
2,0	7,0	28	8/18	1,14	1,0	1,0	29,3	0,7	0,21
2,0	8,0	28a	8/20	1,125	1,0	1,0	33,3	0,6	0,21
2,25	4,0	18a	10/16	1,25	1,0	1,0	15,6	1,0	0,21
2,25	5,0	22a	10/16	1,20	1,0	1,0	20,0	0,8	0,20
2,25	5,5	22a	10/16	1,18	1,0	1,0	20,6	0,7	0,20
2,25	6,0	24a	10/16	1,17	1,0	1,0	23,0	0,6	0,19
2,25	6,5	28	10/16	1,15	1,0	1,0	25,7	0,6	0,17
2,25	7,0	28a	10/16	1,14	1,0	1,0	29,4	0,5	0,16
2,25	7,5	28a	8/20	1,13	1,0	1,0	29,7	0,5	0,16
2,25	8,0	32	8/20	1,125	1,0	1,0	33,1	0,5	0,15
2,50	4,0	20	10/18	1,25	1,0	1,0	13,6	0,9	0,19
2,50	5,0	24a	10/18	1,20	1,0	1,0	20,3	0,7	0,16
2,50	5,5	24a	10/18	1,18	1,0	1,0	20,5	0,6	0,15
2,50	6,0	28	10/18	1,17	1,0	1,0	23,8	0,6	0,15
2,50	6,5	28	10/18	1,15	1,0	1,0	23,8	0,5	0,14
2,50	7,0	30	8/22	1,14	1,0	1,0	26,6	0,5	0,14
2,50	7,5	32	8/22	1,13	1,0	1,0	29,3	0,5	0,14
3,0	4,0	22a	10/22	1,25	1,0	1,0	15,0	0,7	0,16
3,0	5,0	24a	10/22	1,20	1,0	1,0	16,9	0,6	0,15
3,0	5,5	28	10/22	1,18	1,0	1,0	19,6	0,5	0,15
3,0	6,0	28a	10/22	1,17	1,0	1,0	23,3	0,5	0,15
3,0	6,5	28a	10/22	1,15	1,0	1,0	23,3	0,4	0,14
3,0	7,0	32	10/22	1,14	1,0	1,0	25,1	0,4	0,14

I. Fußböden

1 lfdm Fußbodenlager (Polsterhölzer) aus . . . cm starken Kreuzhölzern frei Baustelle zu liefern und wagrecht zu verlegen (eingraben und sorgfältig unterstampfen) einschließlich Streichen der Hölzer mit Karbolineum. *50*

Bei einer Stärke des Fußbodenbelages von cm	Holzerfordernis		Karbolineum kg	Zeitaufwand Z.
	Querschnitt cm	Länge m'		
2,5 ÷ 3,0	5/8		0,06	0,25
3,0 ÷ 5,0	8/10	1,05	0,09	0,35
5,0 ÷ 8,0	10/14		0,12	0,45

Anmerkung: Bei großen Flächen erhöht sich der erforderliche Zeitaufwand wegen der Schwierigkeit der Erzielung vollkommen wagrechter Flächen entsprechend.

1 m² Fußboden aus . . . cm starken, möglichst gleich breiten, schmalen Brettern (Dielen, Bohlen), frei Baustelle zu liefern und zu verlegen, die Fußbodenlager (Balken) vorher wagrecht abzurichten bzw. aufzufüttern. *51*

a)

b)

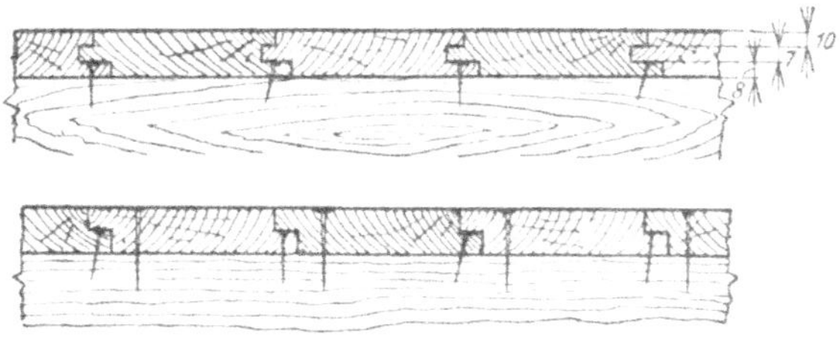

1 m² Fußboden		Stärke des Fußbodenbelages in cm					
		2,5	3,0	4,0	5,5	6,5	8,0
rauh, gefugt	Holzerfordernis samt Verschnitt m²	1,10					
	Nägel 35 ÷ 25 St.	31/65	31/80	40/100	42/120	60/160	75/200
	Zeitaufwand Z	0,40		0,50		0,60	
rauh, gespundet (gefalzt)	Holzerfordernis samt Verschnitt m²	1,20					
	Nägel 35 ÷ 25 St.	31/65	31/80	40/100	42/120	60/160	75/200
	Zeitaufwand Z	0,55		0,70		0,80	
gehobelt gespundet (gefalzt)	Holzerfordernis samt Verschnitt m²	1,20					
	Nägel 35 ÷ 25 St.	31/65	31/80	40/100	42/120	60/160	75/200
	Zeitaufwand Z	0,55		0,70		0,80	

Stockwerkszuschlag 0,10 H/m².

Anmerkung: a) Für etwa erforderliche Auffütterungen ist noch der Bedarf an Lattenmaterial zu veranschlagen.

b) Dem angegebenen Zeitaufwand für das Verlegen der gespundeten Bretter liegt die selbstverständliche Annahme zugrunde, daß keinerlei Nacharbeit durch nachträgliches Hobeln und sonstiges Ineinanderpassen der Bretter erforderlich wird. Bei großem Flächenausmaß kommt es mitunter vor, daß das Spunden der Bretter gleichzeitig auf mehreren Maschinen erfolgt, deren Spundmesser nicht genau übereinstimmen: die Folge hievon ist, daß durch das dann meist erforderliche Nacharbeiten der Bretter am Bau überaus peinliche Zeit- und mithin Geldverluste entstehen.

c) Bei großen Flächen kann der angegebene durchschnittliche Zeitaufwand für das Verlegen der Bretter entsprechend herabgesetzt, bei kleinen Flächen hingegen, insbesondere bei durch das Vorhandensein von Nischen u. dgl. erschwerter Arbeit, muß ein entsprechender Zeitzuschlag, aber auch ein erhöhter Schnittverlust angenommen werden.

52 1 m² Blindboden als Unterlage für Estrich- oder Parkettböden aus rauhen, 1″ starken, 12 bis 20 cm breiten Brettern, frei Baustelle anzuliefern und flüchtig (im Blei) zu verlegen:

Bretter . . . . 1,05 m²
Nägel . . . . 30 St. 31/70
Zeitaufwand . . . . 0,4 Z.

53 1 lfdm Latten 3/5 cm (24/48 mm) stark, zum Auffüttern an den Wandbalken, anzuliefern und anzubringen:

Latten . . . . 1,05 m′
Nägel. . . . . 4 St. 38/80
Zeitaufwand . . . . 0,05 Z.

54 1 lfdm Fußleisten 14/100 (14/125) mm stark, an den sichtbaren Stellen gehobelt, anzuliefern und anzuschlagen:

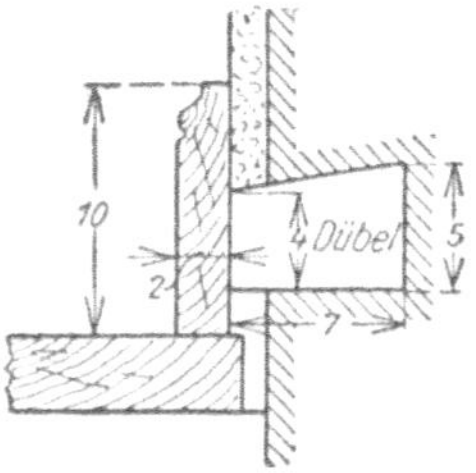

Leisten . . . . 1,05 m′
Nägel . . . . 4 St. 40/100
Zeitaufwand . . . . 0,15 Z.

55 1 lfdm Fußleisten 2,5 cm stark, . . . cm hoch, frei Baustelle zu liefern, anzuarbeiten und anzuschlagen:

Art der Bearbeitung	Leistenhöhe in cm	Material		Zeitaufwand für	
		Leisten m′	Nägel	Anarbeiten und Anschlagen Z	Anschlagen Z
Gehobelt und abgefast .	6			0,20	0,10
Gehobelt u. Kehlung 2 cm	6			0,35	0,10
Gehobelt und abgefast .	8			0,25	0,12
Gehobelt u. Kehlung 2 cm	8	1,05	4 St. 40/100	0,45	0,12
Gehobelt u. Kehlung 2 cm	10			0,50	0,15
Gehobelt u. Kehlung 2,5 cm	12			0,55	0,20
Gehobelt u. Kehlung 2,5 cm	16			0,60	0,25

1 lfdm Hohlleisten (Sesselleisten), 18/23 mm stark, frei Baustelle zu liefern und an den Fußboden dichtschließend anzunageln: 56

Leisten . . . . 1,05 m'
Nägel . . . . 5 St. 25/55
Zeitaufwand . . . . . 0,07 Z.

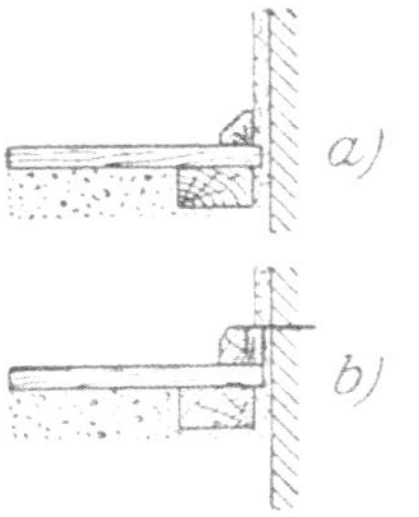

Beispiele aus der Praxis:

1. 131,23 m² Fußboden aus gehobelten, gefugten und gefalzten, 24 mm starken, 17 bis 20 cm breiten, 4,50 m langen Brettern zu einem Dachgebälkboden mit verschiedenen Räumen:

Schnittverlust 12%
Nägelverbrauch . . . . 38 St. 31/65
Zeitaufwand für Höhentransport und Verlegen . . . . . 0,47 Z.

2. 52,32 m² Fußboden, wie oben beschrieben, jedoch bei Vorhandensein zweier Türnischen von je 1,40/0, 40 m und zweier Fensternischen von je 1,25/0,60 m.

Schnittverlust 14%
Nägelverbrauch . . . . 24 St. 31/65
Zeitaufwand nur für das Verlegen . . . . 0,60 Z.

3. 57,30 m² Fußboden, aus rauhen, 24 mm starken, 20 bis 22 cm breiten, 5 m langen Brettern. (Die Bretter wurden hier auf die genaue Länge bestellt.)

Zeitaufwand für das Verlegen . . . . 0,10 Z.

IV. Die Wände

A. Blockwände

1 lfdm Blockholz aus doppeltgestreiften, starken Baustangen (⌀ 20 bis 25 cm) frei Baustelle zu liefern, abzubinden und aufzurichten. 57

Zeitaufwand 0,25 ÷ 0,40 Z.

1 m² Blockwand aus rohbleibendem Rundholz, sonst wie vor: 58

Wandstärke in cm	Rundholzdurchmesser in cm	Erforderliche Länge m'	Zeitaufwand Z
20	20	5,5	1,0
25	25	4,4	1,5
30	30	3,6	2,0

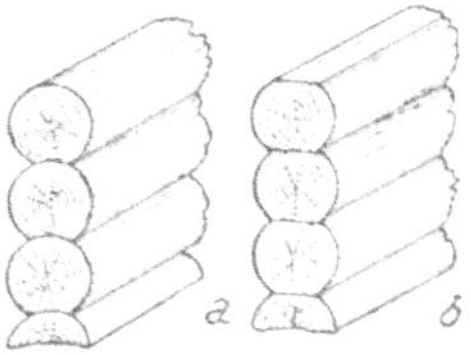

1 m² Blockwand aus lagerseitig rauhbearbeitetem Rundholz, sonst wie vor: 59

Wandstärke in cm	Rundholzdurchmesser in cm	Erforderliche Länge m'	Zeitaufwand Z
20	20	8,3	2,0
25	25	6,7	2,7
30	30	5,0	3,5

61 1 m^2 Blockwand aus vierseitig rauh bearbeitetem Rundholz herzustellen (wobei die Balken baumwalzig belassen werden, um die Ausplockung für den Putz aufzunehmen), samt Nagelung und Ausplockung der Lagersegmente mit Holznägeln:

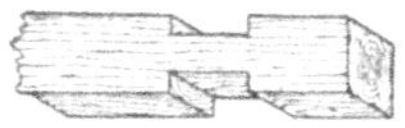

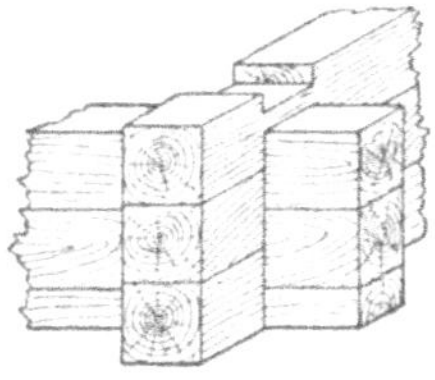

Wandstärke in cm	Rundholzdurchmesser in cm	Erforderliche Länge m'	Zeitaufwand Z
15	20	7,0	3,0
25	30	4,5	4,5

62 1 m^2 Blockwand aus gesägtem oder reinbeschlagenem, vollkantigem Kantholz, abzubinden, frei Baustelle zu liefern und aufzurichten:

Wandstärke in cm	Erforderlicher Rundholzdurchmesser in cm	Kantholz Querschnitt	Erforderliche Länge für 1 m^2 Wand in m'	Zeitaufwand bei Herstellung aus Kantholz Z	Zeitzuschlag für das Beschlagen Z
15	21	15/15	6,7	2,5	6,7 m' $\times$ 0,45 Z = 3,0
25	35	25/25	4,0	3,5	4,0 m' $\times$ 1,1 Z = 4,4

B. Riegel-(Fachwerks-)wände

Vorbemerkung:

a) Verschnitt: Der Verschnitt ist bei Listenholz mit etwa 1 $^0/_0$, bei vorrätigem Holz mit 3÷5 $^0/_0$ anzunehmen.

b) Zeitaufwand: Für die Abbindearbeit kann im Durchschnitt $^2/_3$, für das Aufrichten der Wände $^1/_3$ des im Folgenden angegebenen Zeitaufwandes angenommen werden; bei Erschwernissen beim Aufrichten beispielsweise auch bei Hallenwänden von großer Höhe wird sich das Verhältnis zwischen Abbinde- und Aufrichtzeit eher wie 55÷60 $^0/_0$ zu 45÷40 $^0/_0$ stellen.

Beschlagenes Holz erfordert beim Abbinden einen erhöhten Zeitaufwand von etwa 5 $^0/_0$, eichenes Kantholz gegenüber weichem Kantholz einen solchen von 15÷20 $^0/_0$.

c) Eisenerfordernis: Das Erfordernis an Nägeln und Klammern kann im Durchschnitt für den lfdm Fachwerksholz mit ~ 0,1 kg oder für 1 m^3 Holz mit ~ 5 kg angenommen werden.

63 1 lfdm Rundholz (die Sohlschwelle aus eichenem oder lärchenem Kantholz) für eine bis etwa 5 m hohe Riegelwand abzubinden, frei Baustelle zu liefern und aufzurichten; Sohlschwelle aus (womöglich hartem) Kantholz, Schwellen, Pfosten und Streben aus Rundholz ϕ 18 bis 20 cm, Zwischenriegel aus Rundholz ϕ 12 bis 15 cm.

Zeitaufwand 0,5÷0,55 Z.

Anmerkung: Bei schwächeren Abmessungen kann der erforderliche Zeitaufwand mit 0,3 : 0,4 Z angenommen werden.

1 lfdm Kantholz für eine einfache, glatte Riegelwand abzubinden, frei Baustelle zu liefern und aufzurichten: *63a*

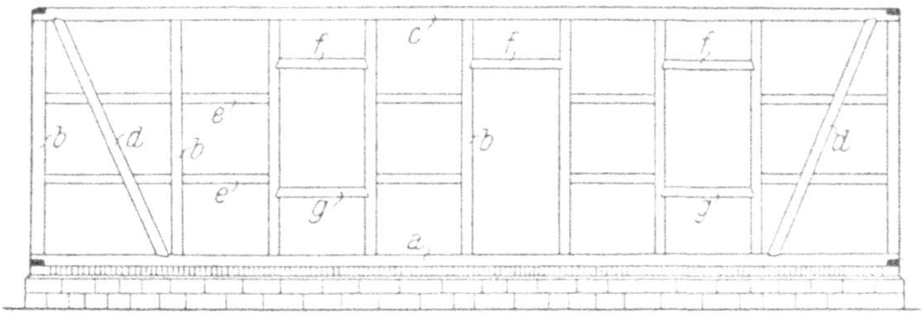

Kantholz-Querschnitt	Verriegelungsart	Zeitaufwand bei Hartholz bis 5 m Höhe Z	Zeitaufwand bei Hartholz über 5 m Höhe Z	Zeitaufwand bei Weichholz bis 5 m Höhe Z	Zeitaufwand bei Weichholz über 5 m Höhe Z
100÷150 cm²	nicht verriegelt	—	—	0,25÷0,30	—
	1- bis 2mal verriegelt	0,5÷0,6	—	0,35÷0,40	0,40÷0,50
160÷320 cm²	nicht verriegelt	—	—	0,30÷0,35	—
	1- bis 2mal verriegelt	0,6÷0,7	—	0,40÷0,50	0,50÷0,60

1 lfdm Kantholz (Querschnitt 160 bis 320 cm²) für die Giebelwand eines Fachwerk-(Hallen-) baues, sonst wie vor: *64*

Zeitaufwand
(je nach Höhe) 0,6÷0,75 Z.

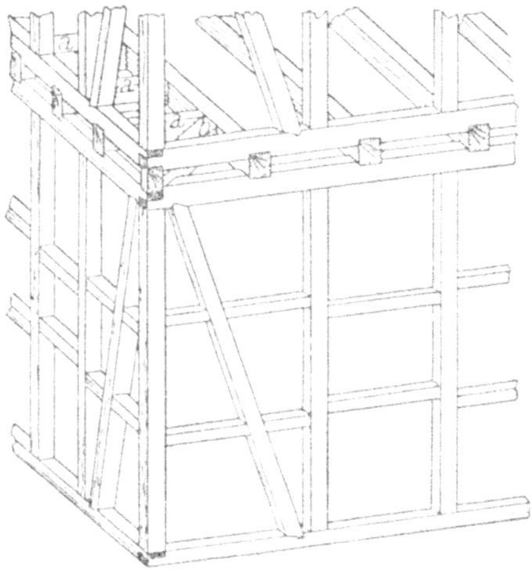

1 lfdm Dreikantleisten (aus 25 mm Latten geschnitten) für die *65*

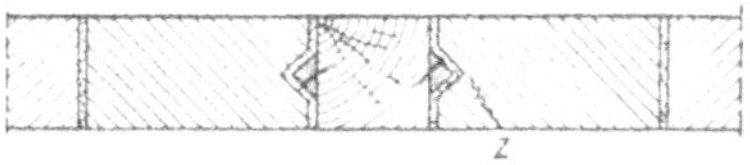

Befestigung der Ausmauerung von Fachwerkswänden zu liefern und anzubringen:

Dreikantleisten . . . 1,05 m′
Nägel . . . . 4 St. 22/45
Zeitaufwand . . . . . 0,04 Z.

Anmerkung: 1 lfdm Fachwerkshölzer für die Befestigung der Ausmauerung auszubeilen: Zeitaufwand . . . . . 0,15 Z.

66 1 lfdm Kantholz zu Laternenwänden und sonstigen Dachaufbauten nach Zeichnung abzubinden, frei Baustelle zu liefern und aufzurichten:
Zeitaufwand (je nach Größe und Schwierigkeit der Arbeit) 0,6÷1,0 Z.

C. Wandschalung

Vorbemerkung: a) Für das Einrüsten ist bei hohen zu verschalenden Wänden (z. B. bei den hohen Giebelwänden von Hallenbauten) ein Zeitzuschlag von 0,25÷0,35 Z anzunehmen.

b) Beim Veranschlagen der Wandschalung von Giebelwänden ist stets der Mehrverschnitt und der erhöhte Zeitaufwand infolge umständlicherer Arbeit zu berücksichtigen (Zeitzuschlag 10÷15 %),

c) Bei großen und glatt zu verschalenden Flächen kann der hier angegebene Zeitaufwand entsprechend herabgemindert werden.

Wagrecht

67 1 m^2 wagrechte innere Wandschalung, aus rauhen, $^3/_4$" starken, durchschnittlich 16 bis 18 cm breiten Brettern frei Baustelle zu liefern und anzubringen:

Bretter . . . . 1,05 m^2
Nägel. . . . . 25 St. 31/65
Zeitaufwand . . . . . 0,3÷0,35 Z.

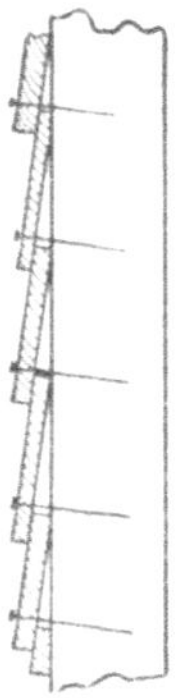

68 1 m^2 wagrechte äußere Wandschalung, wie vor, als Unterlage zu Verschindelungen einschließlich Fluggerüst:

Bretter . . . . 1,05 m^2
Nägel. . . . . 25 St. 31/65
Zeitaufwand . . . . . 0,5÷0,6 Z.

69 1 m^2 wagrechte äußere Wandschalung, wie Nr. 67, jedoch aus übereinandergehenden (geschuppten) Brettern (Übergriff 2,5 cm):

Bretter . . . . 1,25 m^2
Nägel. . . . . 20÷25 St. 40/100
Zeitaufwand . . . . . 0,35÷0,40 Z.

Lotrecht

70 1 m^2 lotrechte Wandschalung aus $^3/_4$" bzw. 1" starken, rauhen, 16 bis 18 cm breiten Brettern, sonst wie Nr. 67:

Bretter . . . . 1,05 m^2
Nägel. . . . . 30 St. 31/65 (31/70)
Zeitaufwand. . . . . 0,3÷0,4 Z.

Anmerkung: Ist vor Anbringen der Wandschalung eine Auffütterung der Fachwerkshölzer notwendig, so muß das erforderliche Holzmaterial (Latten) besonders veranschlagt werden, ebenso muß in diesem Falle ein entsprechender Zuschlag für den größeren Zeitaufwand von 0,1÷0,2 Z vorgesehen werden.

71 1 m^2 lotrechte Wandschalung wie vor, jedoch aus einseitig gehobelten und gespundeten Brettern:

Zeitaufwand . . . . 0,5÷0,6 Z.

1 m² lotrechte Wandschalung wie vor, jedoch mit 2,5 cm Übergreifung der Bretter zur Fugendeckung: *72*

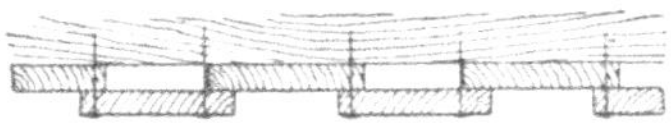

Bretter . . . . 1,25 m²
Nägel . . . . 30 St. 40/100 (46/120)
Zeitaufwand . . . . 0,4÷0,5 Z.

1 m² lotrechte Wandschalung wie vor, jedoch mit Fugendeckleisten 2/5 cm: *73*

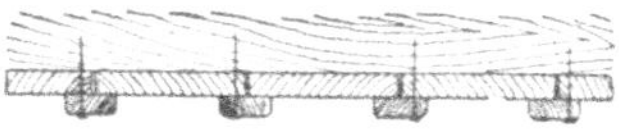

Bretter . . . . 1,05 m²
Fugendeckleisten . 6÷7 m′
Nägel . . . . 30 St. 31/65 (31/70), 25 St. 20/45
Zeitaufwand . . . . 0,55÷0,60 Z.

Anmerkung: a) 1 m′ Fugendeckleisten anzubringen . . . . 0,04 Z.
Dasselbe samt Hobeln und Abfasen von Hand 0,15÷0,2 Z.
b) Bei viel Mehrarbeit infolge Einpassens der Fenster und Türen ist ein entsprechender Zeitzuschlag (10÷15%) zu machen.

Verschindelungen:

Vorbemerkung: Material: Fichte, Tanne, Kiefer, Eiche. Eiche wenig verwendet, da zu teuer, meist Fichte und Tanne.

Übliche Abmessungen der Schindeln:

			Erforderliche Anzahl Maschinenschindeln für 1 m²
Nr. 1:	Breite 4,2 cm;	Länge 15 cm	500
„ 2:	„ 5,0 „	„ 15 „	450
„ 3:	„ 6,0 „	„ 20 „	280
„ 4:	„ 7,0 „	„ 21 „	230
„ 5:	„ 8,0 „	„ 25 „	150
„ 6:	„ 10,0 „	„ 32 „	110

1 m² Verschindelung ohne Bretterverschalung und ohne Einrüstung anzubringen, daher für das bloße Annageln der Schindeln: *74*
Schindeln Nr. 1 bis 3
1 Paket Nägel 13/25
Zeitaufwand 2,0÷2,5 Z.

1 m² Verschindelung wie vor, jedoch für: *75*
Schindeln Nr. 4 bis 6
1 Paket Nägel 17/25
Zeitaufwand 1,0÷1,5 Z.

Anmerkung: Zeitaufwand für das Anbringen eines Stangengerüstes 0,25÷0,35 Z.

Beispiele aus der Praxis:

1. 74,3 m² äußere Wandschalung für ein kleines Werkstättengebäude, aus 24 mm starken, 20 bis 22 cm breiten, 4,5 m langen rauhen Brettern. Die Bretter wurden übereinandergehend (geschuppt), mit 2,5 cm Übergriff angebracht. Vorhanden waren 3 Fenster 1,2×1,6 m, 1 Tür 1,10×2,20 m.

Zeitaufwand . . . . 0,35 Z.

2. 178,0 m² Giebelwandschalung einer 20 m breiten, bis zum First 11 m hohen Scheune, aus 24 mm starken, über 20 cm breiten, 4,2 m langen Brettern, samt Anbringen der Fugendeckleisten und des Gerüstes.

Zeitaufwand . . . . 0,46 Z (große, glatte Arbeitsfläche).

3. 110,84 m² äußere Wandschalung einer kleinen Feldscheune aus 24 mm starken, 20 bis 22 cm breiten rauhen Brettern und 17/45 mm starken Fugendeckleisten, einschließlich Einpassen der Fenster und Fensterladen.

Fugendeckleisten . . . . 5,5 m′ für 1 m²
Zeitaufwand . . . . 0,67 Z.

D. Tür- und Fensterstöcke

76 6 Stück Türdübel für die Befestigung einer Tür in der Wand herzustellen und frei Baustelle zu liefern, samt Karbolineumanstrich:

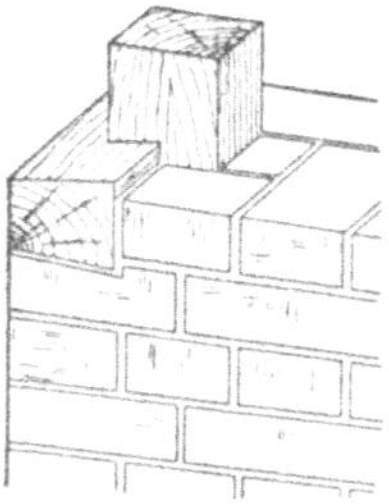

Wandstärke cm	Material: Kantholz- Querschnitt	Material: Kantholz- Länge m′	Material: Karbolineum kg	Zeitaufwand Z
25	8/12	1,7	0,2	0,5
38		2,4	0,3	0,7
51		3,3	0,4	1,0

77 1 Stück Türgerüst, etwa 0,90×2,00 m im Lichten, für . . . cm starke Wände aus vollkantigem . . . cm starkem Kantholz (bzw. . . ." starken Bohlen) herzustellen:

Verwendetes Material	Wandstärke cm	Erforderliches Material: Holz- Querschnitt	Holz- Menge	Latten zum Abspreizen	Nägel	Zeitaufwand für: Anarbeiten Z	Transport und Aufstellen M	Transport und Aufstellen H
Kantholz	12	8/12	0,063 m³	20% von 12 lfdm = 2,4 lfdm	12 St. 31/65	2,5	0,4	0,2
Kantholz	10	8/10	0,053 m³			2,5	0,4	0,2
Bohlen	5	2″	0,32 m²			2,0	0,4	0,2

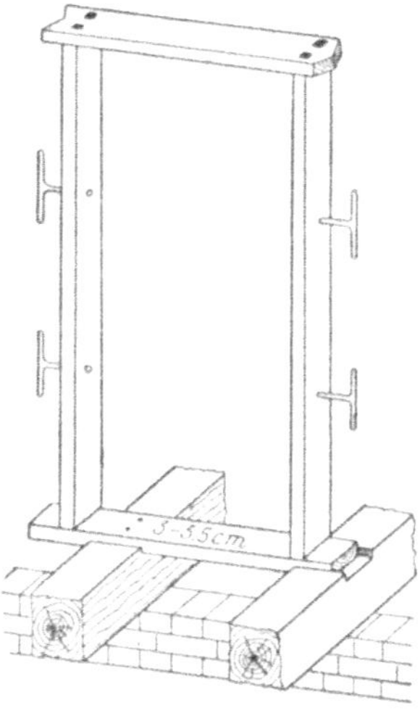

78 1 lfdm Türstock aus lärchenem, rauhen Kantholz herzustellen und frei Baustelle zu liefern:

Kantholz 1,05 m′ . . . . . . 13/16 bzw. 16/21 cm
Zeitaufwand . . . . 0,4 bzw. 0,5 Z.

79 1 lfdm Tür- oder Fensterstock aus . . . cm starken, . . . cm breiten rauhen Pfosten herzustellen und frei Baustelle zu liefern:

Tiefe	Pfostenstärke	5,0 cm	6,5 cm	8,0 cm
15 cm	Material 1,05 m′	5/15	6,5/15	8/15
	Zeitaufwand Z	0,5	0,55	0,6
30 cm	Material 1,05 m′	—	6,5/30	8,30
	Zeitaufwand Z	—	0,7	0,75

Anmerkung: a) Die erforderlichen Holzlängen sind aus der gegebenen lichten Breite und Höhe zu ermitteln, wobei die Länge der einzumauernden Ohren zuzuschlagen ist, z. B. bei einem Türstock von 1,05 m lichter Breite und 2,10 m lichter Höhe:

1 Sohle 1,05 m + 2 Ohren à 0,15 m	= 1,35 m′
1 Sturz desgleichen	= 1,35 m′
2 Gewände à 2,10 m + 4 Zapfen à 0,05 m	= 4,40 m′
2 Mittelohren in den Gewänden à 0,20 m	= 0,40 m′
Zusammen . . .	7,50 m′ Pfosten

b) Zuschläge für Hobeln bzw. für Ausarbeitung eines Falzes lt. Nr. 3 und 7.

1 lfdm Türüberlagshölzer aus 10/12 cm starkem rauhem Kantholz *80*
frei Baustelle anzuliefern und zu verlegen:

Kantholz . . . . 0,012 m³
Zeitaufwand . . . . 0,15 M.

E. Türen und Tore

1 Stück Lattentür, etwa 0,80 × 1,80 m groß, aus 3/5 cm *81*
(1 × 2″) starken Latten und 15 cm breiten, 1″ starken Quer- und Strebeleisten anzufertigen und anzubringen, einschließlich Lieferung der erforderlichen Beschläge, bestehend aus einem Paar Werfgehängen und einem Überwurf mit Krampe:

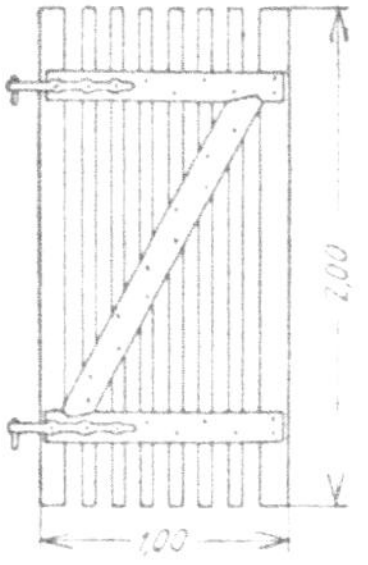

Latten . . . . 18,9 m′
Bretter für Leisten . . . 0,56 m²
Nägel 40 St. . . . 31/70 (31/65)

Beschlag: { 1 Paar Werfgehänge samt Schrauben
1 Überwurf mit Krampe samt Schrauben }

Zeitaufwand . . . . 3,5 Z.

1 Stück Brettertür, etwa 0,90 × 1,90 m groß, aus 1″ starken, rauhen *82*
Brettern mit aufgenagelten, 15 cm breiten Ouer- und Strebeleisten anzufertigen und anzubringen, einschließlich der erforderlichen Beschläge, bestehend aus 2 kräftigen Langbändern ohne Nocken und einem Überwurf:

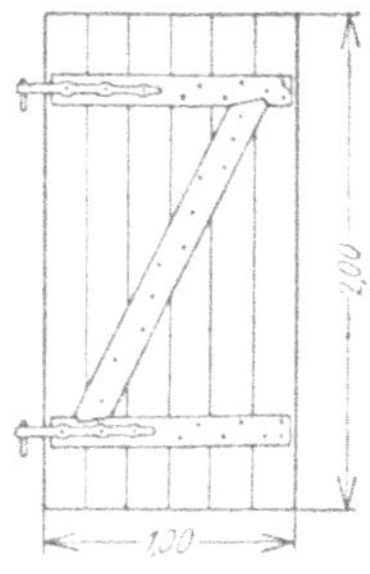

Bretter . . . . 2,61 m²
Nägel 50 St. 31/70

Beschlag: { 1 Paar Langbänder ohne Nocken samt Schrauben
1 Überwurf samt Schrauben }

Zeitaufwand . . . . 4,5 Z.

Anmerkung: Ermittlung des Holzbedarfes:
(0,95 × 1,95) + (2 × 0,9 + 1,6) . 0,15 = 2,37 m² + 10 % Verschnitt = 2,61 m².

1 Stück Brettertür, wie vor beschrieben, jedoch mit einem Blend- *83*
rahmen aus 2″ starken, 8 cm breiten Bohlen, die Gehänge mit Nocken auf eiserner Platte zum Aufschrauben und einem Einsteckschloß mit Eisendrücker:

Bretter . . . . 2,61 m²
Bohlen . . . . 0,45 m²
Nägel 50 St. 31/70

Beschlag: { 1 Paar Gehänge mit Nocken auf eiserner Platte samt Schrauben
1 Einsteckschloß mit eisernem Drücker samt Schrauben }

Zeitaufwand: { 6,5 Z
0,5 Maschinenstunden. }

84 1 Stück Brettertür, etwa 0,90 × 1,90 m groß, aus 1″ starken, beiderseits gehobelten, gespundeten Brettern, Einschubleisten und einem Blendrahmen aus 2″ starken, 8 cm breiten Bohlen, anzufertigen und anzubringen, einschließlich Lieferung der erforderlichen Beschläge, bestehend aus einem Paar 14 cm Fischbänder und einem Einsteckschloß mit Eisendrücker:

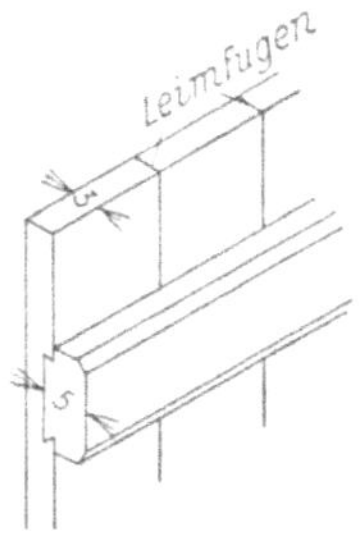

Bretter	2,24 m²
Einschubleisten	0,56 m²
Bohlen	0,45 m²
Nägel 50 St.	31/70

Beschlag: { 1 Paar Fischbänder, 14 cm; 1 Einsteckschloß mit Eisendrücker samt Schrauben

Zeitaufwand: { 9,0 Z (ohne Blendrahmen 6,5 Z); 0,7 Maschinenstunden.

85 1 Stück zweiflügeliges Tor, 3,50 m breit, 2,25 m hoch, nebst 18/18 cm starken Pfosten, 12/18 cm starken Kreuzholzschwellen und Streben, die Torflügel aus 8/10 cm starken Pfosten, Riegeln und Streben, die Schalung aus 1″ starken rauhen Brettern. sämtliche Holzteile mit Karbolineum gestrichen, anzufertigen und anzubringen, einschließlich der erforderlichen Beschläge, bestehend aus 2 Paar Langbändern 10/50 mm stark, 1400 mm lang, mit durchgehenden, $^3/_4$″ starken Nocken, 1 Sturmstange ⌀ 26 mm, 2500 mm lang, sowie Verschlußholm mit Schließauge auf eiserner Platte genietet, Verschlußblech und Vorhängeschloß mit zwei Schlüsseln:

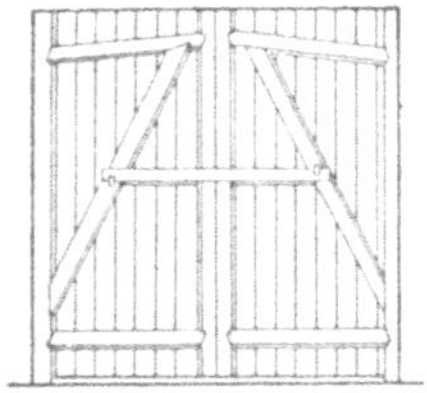

Kantholz	0,574 m³
Bretter	8,35 m²
Nägel	8 St. 46/100 und 160 St. 31/70
Karbolineum	9 kg

Beschlag: {
- 2 Paar Langbänder 10/50 mm, 1400 mm lang im Gewicht von ~ 22 kg
- 24 Stück Schloßschrauben 10/120 mm
- 4 Stück durchgehende Nocken mit Mutter, Dorn $^3/_4$″ stark
- 1 Sturmstange ⌀ 26 mm, 2500 mm lang im Gewicht von ~ 10,5 kg
- 2 Stück Schließaugen auf eiserner Platte samt 8 Stück Holzschrauben
- 1 Stück Verschlußblech 120×120×3 samt 4 Stück Holzschrauben
- 1 Stück Vorhängeschloß mit zwei Schlüsseln

1 Pfahl zur Sturmstange

Zeitaufwand: { 50 Z; 8 H.

Anmerkung: Ermittlung des Kantholzbedarfes: 2 Pfosten 18/18 cm à 3,25 m; 4 Schwellen 12/18 cm à 1,20 m; 8 Streben 10/12 à 0,80 m; 4 Torpfosten 8/10 cm à 2,20 m; 4 Riegel 8/10 cm à 1,75 m; 2 Streben 8/10 cm à 2,20 m; 1 Verschlußholm 6/15 cm à 2,25 m.

F. Umzäunungen, Einfriedungen *86*

1. Ausgraben der Löcher und Versetzen der Pfosten

1 Loch 0,8 m tief 0,45/0,45 m bis 0,5/0,5 m auszugraben:

Bodenart	Durchschnittlicher Zeitaufwand Z
Lockerer Sand oder Humusboden	0,5
Schilf- oder Moorboden	0,6
Lehmboden (rein, aber fest)	1,5
„ und Leberkies (harter, steinartiger Mergel)	2,0
„ und fester Sand	3,0
Felsboden und Sandfelsen	3,5 und mehr

1 lfdm Pfosten ⌀ 12 bis 15 cm mit Handramme oder Vorschlaghammer einzuschlagen, oben auf gleiche Höhe abzuschneiden (Pfostenabstand 2,5 bis 3,0 m) samt den erforderlichen Streben *87*

Verschnitt . . . . . . 8 ÷ 10 %
Zeitaufwand . . . . 0,35 ÷ 0,5 Z.

1 Stück Pfosten ⌀ 15 bis 18 cm, 2,0 m lang, in 80 cm tiefem Pfostenloch zu versetzen, festzustampfen und mit Steinen sorgfältig zu verspannen. *88*

Zeitaufwand. . . . . 1,1 ÷ 1,2 Z.

1 Stück Pfosten wie vor, jedoch ⌀ 20 bis 28 cm. *89*

Zeitaufwand. . . . . 1,3 ÷ 1,5 Z.

1 Stück Pfosten aus lärchenem Kantholz 12/12, 14/14, 13/16 cm, sonst wie vor. *90*

Zeitaufwand. . . . . 1,3 ÷ 1,5 Z.

2. Drahtgeflecht- und Stacheldrahtzäune

Vorbemerkung: Drahtzäune werden ohne Querlatten unmittelbar an den Holzpfosten angebracht und mit Spanndrähten versehen. Maschenweite des Drahtgeflechtes 30 bis 70 mm, meist 50 mm. Übliche Drahtstärke 2 bis 2,5 mm. Höhe des Drahtgeflechtes 1,0, 1,2 und 1,5 m, meist 1,2 m. Erforderliche Anzahl der Spanndrähte bei 1,0 m Höhe 2 Stück, bei 1,2 m Höhe mindestens 2, besser 3 Spanndrähte, bei 1,5 m Höhe 3, über 1,5 m 4 Spanndrähte. Bedarf an Nähdraht zum Annähen des Drahtgeflechtes an die Spanndrähte bei 50 mm Maschenweite für 1 lfdm Drahtgeflecht 1,2 m Spanndraht.

1 lfdm Drahtgeflecht, 50 mm Maschenweite, . . . m Höhe, . . . Stück Spanndrähte, Pfostenabstand 2,5 bis 3,0 m, anzubringen: *91*

Höhe des Drahtgeflechtes in mm	Anzahl der Spanndrähte	Krampen für die Befestigung des Drahtgeflechtes und der Spanndrähte g	Zeitaufwand Z
1,0	2	6	0,17 ÷ 0,20
1,2	3	8	0,25 ÷ 0,28
1,5	3	10	0,30 ÷ 0,32

92 1 lfdm Stacheldraht (freies Gelände) anzubringen:
Zeitaufwand. . . . . . . 0,025 Z.

93 1 lfdm Laufdraht (freies Gelände) anzubringen:
Zeitaufwand. . . . . . . 0,02 Z.

94 1 lfdm Stacheldrahtzaun, 1,5 m hoch, bestehend aus 2,2 m langen, 12 cm starken, am unteren Ende mit Karbolineum gestrichenen Rundholzpfosten, im Abstand von etwa 2,0 m, mit 5 Reihen verzinktem Stacheldraht zu liefern und aufzustellen, einschließlich Einschlagen der Pfosten:

Rundholz . . . . 1,1 m′
Stacheldraht . . . . 5,0 m′
Krampen (verzinkt) . . . 6 Stück
Karbolineum . . . . 0,06 kg
Zeitaufwand } . . . . . . 0,7 Z
. . . . . . 0,3 H.

3. Lattenzäune

Naturzäune: 2 m lange, runde Eichenpfosten ⌀ 15 bis 20 cm werden mindestens 0,80 m tief in die Erde eingegraben und fest mit Steinen verspannt. Pfostenabstand 2,3 bis 2,5 m. Die Rinde ist vor dem Einstampfen in die Erde bis auf 0,85 m zu entfernen. Die Pfostenlöcher sind zunächst nur etwa 0,70 m anzufüllen und auch die zum Verspannen bestimmten Steine unter diese Höhe zu bringen. Wenn die Pfosten festsitzen, muß jeder Pfosten an der sogenannten „Erdstelle" auf etwa 15 bis 20 cm und müssen sämtliche Schnittflächen der Pfosten, Querlatten (Riegel, Rahmenschenkel) und Staketen zwei- bis dreimal mit Karbolineum getränkt werden. Tränkt man die Pfosten vor dem Stellen, so wird die Erdstelle beim Verspannen der Steine und Feststampfen der Erde verletzt und die Tränkung hat wenig Erfolg. Oben werden die Pfosten entweder abgerundet oder abgeschrägt. Die Zaunhöhe beträgt gewöhnlich 1,20 m. Die Querlatten werden von unten auf 0,25 m und von oben auf 0,30 m (Mitte) angebracht (in die Pfosten halb eingelassen). Wenn irgend möglich, nimmt man die Querlatten stets über zwei Felder (etwa 5 m). Stärkere Querlatten werden geschlitzt (halbiert), wobei zu beachten ist, daß der Durchmesser am schwachen Ende mindestens 8 cm beträgt. Staketen (Zaunstecken) bis 4 cm Durchmesser bleiben meist rund, stärkere werden geschlitzt und beide oben zugespitzt. Die Rinde an den Pfosten (über Erdreich), Querlatten und Stecken wird nicht entfernt. Eingangstürchen bis 1,50 m breit werden doppelt berechnet (gemessen). Die Lieferung erfolgt nach dem laufenden Meter.

Zeitaufwand für das Zurichten der Pfosten, Querlatten und Zaunstecken samt Stellen der Pfosten und Annageln der Querlatten und Zaunstecken, jedoch ohne Löchergraben: *95*

Für 1 lfdm . . . . 1,60 ÷ 1,70 Z.
Annageln halbrunder Querlatten für 1 lfdm Zaun . . 0,17 ÷ 0,20 Z.
Annageln der Zaunstecken für 1 lfdm Zaun . . . . . 0,17 Z.

1 lfdm Gartenzaun, 0,8 m hoch, bestehend aus Rundholzpfosten *96*
⌀ 10 cm (Entfernung von Mitte zu Mitte 2,5 m), 4×8 cm starken geschlitzten Querlatten und 4 cm starken geschlitzten Zaunstecken anzufertigen und aufzustellen (ohne Löchergraben):

Pfosten ⌀ 10 cm . . 0,75 m′
Querlatten ⌀ 8 cm . 2,2 m′
Zaunstecken ⌀ 4 cm 8,8 m′
Karbolineum . . . . 0,05 kg
Nägel . . . . 2 St. 40/100, 25 St. 31/65
Zeitaufwand. . . { 0,8 Z / 0,3 H.

1 lfdm Gartenzaun, wie vor, jedoch 1,3 m hoch und die Zaun- *97*
stecken schräg genagelt (ohne Löchergraben):

Pfosten ⌀ 10 cm . . 1,1 m′
Querlatten ⌀ 8 cm . 2,2 m′
Zaunstecken ⌀ 5 cm 16 m′
Karbolineum . . . . 0,05 kg
Nägel . . . . 2 St. 40/100, 25 St. 31/65
Zeitaufwand. . . { 1,5 Z / 0,3 H.

1 lfdm Gartenzaun, 0,8 m hoch, bestehend aus Kantholzpfosten *98*
12/12 cm, (Entfernung von Mitte zu Mitte 3,0 m), der in die Erde kommende Teil der Pfosten mit Karbolineum gestrichen, 6/12 cm starken Riegeln und 1×2″ starken Latten (10 Stück für den lfdm Zaun) mit angeschnittenen Spitzen, alles in gehobelter Arbeit, zu liefern und aufzustellen:

Pfosten . . . . 0,65 m′
Riegel . . . . 2,1 m′
Latten . . . . 8,8 m′
Nägel . . . . 2 St. 46/120, 25 St. 31/65
Karbolineum . . . . 0,06 kg
Zeitaufwand. . . { 0,25 Maschinenstunden / 1,00 Z / 0,30 H.

1 lfdm Gartenzaun 1,2 bis 1,3 m hoch, bestehend aus 2 m langen, *99*
14/14 cm starken, 0,80 m tief eingegrabenen Kantholzpfosten, 6/8 cm starken Querriegeln aus Kantholz und 3/5 cm starken Latten anzufertigen und aufzustellen (ohne Löchergraben):

Zeitaufwand. . . . . 1,25 ÷ 1,3 Z.

1 lfdm Gartenzaun wie vor, jedoch gehobelt und Pfosten und *100*
Latten oben mit einem Spiegel versehen (nur Handarbeit):

Zeitaufwand. . . . . 2,3 ÷ 2,5 Z.

4. Bretterzäune

101 1 lfdm Einfriedung, 2 m hoch, bestehend aus lärchenen, in Entfernung von 3,0 m 80 cm tief eingegrabenen Pfosten 13/16 cm und einer wagrechten $^5/_4$″ starken, rauhen Bretterschalung anzuliefern und aufzustellen (ohne Löchergraben):

(0,33 Stück Pfosten)	Kantholz . . .	1,0 m′
	Bretter	2,1 m²
	Nägel	15÷20 St. 40/100
(0,33 Stück Pfosten versetzen) (Schalung anbringen)	Zeitaufwand	0,5 H 0,8÷1,0 Z.

102 1 lfdm Einfriedung, 1,5 m hoch, bestehend aus 12/12 cm starken, in Entfernung von 2,25 m angeordneten, an dem in die Erde kommenden Teil mit Karbolineum gestrichenen Pfosten, 10/10 cm starken, dreikantig geschnittenen Riegeln und 1″ starken, 10 bis 16 cm breiten, dicht genagelten Brettern, zu liefern und aufzustellen, einschließlich 2 Strängen verzinktem Eisendraht (ohne Löchergraben):

Kantholz	12/12 1,05 m′
„	10/10 2,1 m′
Bretter	1,6 m²
Nägel	4 St. 46/120, 35 St. 31/70
Eisendraht	2,0 m′
Krampen	16 Stück
Karbolineum . . .	0,06 kg
Zeitaufwand:	0,1 Maschinenstunden 1,8 Z 0,3 H.

103 1 lfdm Einfriedung, wie vor, jedoch 2,25 m hoch, mit 14/14 cm starken Pfosten (ohne Löchergraben):

Kantholz	14/14 1,4 m′
„	10/10 2,1 m′
Bretter	2,4 m²
Nägel	4 St. 46/120, 35 St. 31/70
verz. Eisendraht	2,0 m′
verz. Krampen . .	16 Stück
Karbolineum . . .	0,07 kg
Zeitaufwand:	0,1 Maschinenstunden 2,1 Z 0,3 H.

104 1 lfdm Einfriedung, 2 m hoch, bestehend aus lärchenen, in Entfernung von 3,0 m 80 cm tief eingegrabenen Pfosten, 2 Stück 8/10 cm starken Riegeln und einer $^5/_4$″ starken rauhen Bretterschalung zu liefern und aufzustellen (ohne Löchergraben):

Kantholz	13/16 1,0 m′
„	8/10 2,1 m′
Bretter	2,1 m²
Nägel	24 St. 31/80, 4 St. 46/120
Zeitaufwand . . .	1,8 Z.

5. Beispiele aus der Praxis

1. Ein Gartenzaun, bestehend aus eichenen, 2 m langen, 2,5 m entfernten Rundpfosten, ⌀ 15 bis 18 cm, einem verzinkten, 1,2 m hohen Drahtgeflecht von 50 mm Maschenweite, 1 Stacheldraht, 3 eingeflochtenen Spanndrähten, samt einem 3 m breiten, zum Aushängen eingerichteten Einfahrtstor und einer 1,1 m breiten Eingangstür. Das einzuzäunende Grundstück bildete ein Rechteck. Zaunlänge einschließlich Einfahrtstor und Eingangstür 324 lfdm.

Erforderliches Material: 130 Pfosten, 12 Streben, 12 m′ halbrunde (geschlitzte) Riegel, 2 Fuhren Steine zum Verspannen der Pfosten, 10 halbrunde Zaunlatten für die Eingangstür, 330 m′ Stacheldraht, 326 m′ Drahtgeflecht, 980 m′ 3 mm Spanndraht, 1200 m′ Nähdraht, 800 Stück Krampen, 30 Stück 10 cm, 20 Stück 15 cm und 100 Stück Nägel 31/65.

Zeitaufwand:

Graben der 142 Stück Pfosten- und Strebenlöcher (Erdmaterial fester Lehmboden vermischt mit Leberkies) für 1 Loch	2,04 H
Versetzen der 142 Stück Pfosten und Streben für 1 Stück	1,1 Z
Herstellen des Einfahrtstores und der Eingangstür	7 „
Anbringen des Drahtgeflechtes, der drei Spanndrähte und des Stacheldrahtes für den lfdm Zaun	~ 0,27 „

2. Ein Gartenzaun, bestehend aus eichenen, 2 m langen Rundpfosten, ⌀ 18 bis 28 cm, 1,2 m hohem Drahtgeflecht von 50 mm Maschenweite, drei Spanndrähten und drei an gebogenen Eisenwinkeln durchgezogenen Abschlußdrähten. Die Pfosten wurden auf 1,2 m Höhe vierseitig beschlagen, der untere 0,8 m hohe Teil wurde eingegraben. Boden fester Lehm, vermischt mit felsigem Sand, daher schwere Grabarbeit. Das Grundstück war nicht ganz eben gelegen und bildete ungefähr ein gleichseitiges Viereck. Zaunlänge 334 lfdm.

Erforderliches Material: 141 Stück eichene Pfosten 2 m lang ⌀ 18 bis 28 cm; 2 Stück eichene Pfosten 2,5 m lang, ⌀ 28 cm; 14 Stück eichene Streben, 2 m lang, ⌀ 18 bis 22 cm; Fußbüge und Sohlstücke für die Befestigung des Einfahrtstores 4 m; 22 l Karbolineum; 141 Stück Eisenwinkel; 900 m′ Nähdraht; 900 Stück Krampen; 334,4 m′ Drahtgeflecht. Infolge des felsigen Lehmbodens waren keine Steine zum Verspannen der Pfosten erforderlich:

Zeitaufwand:

Vierseitiges Beschlagen der Pfosten und Streben (204 m′) für 1 lfdm	0,57 Z
Abhobeln und Schrägschneiden der Pfosten und Büge (204 m′) für 1 lfdm	0,45 Z
Einlassen und Befestigen der Eisenwinkel für 1 Stück	0,24 Z
Graben der Löcher (157 Stück) für 1 Stück	3,85 H
Setzen der Pfosten und Streben für 1 Stück	1,35 Z
Anstreichen (zweimal) der Pfosten und Büge mit Karbolineum nach dem Setzen (204 m′) für 1 lfdm	0,167 H
Anbringen des Drahtgeflechtes, der 3 Spann- und 3 Abschlußdrähte (334,4 m′) für 1 lfdm	0,25 Z.

3. Gartenzaun, bestehend aus massiven Pfeilern, Querriegeln aus Winkeleisen. Länge (die Pfeiler nicht mitgemessen) 17,4 lfdm.

Material: 156 Zaunlatten 2,5/7 cm, 1,0 m lang, oben abgerundet und vierseitig gehobelt. Jede Latte erhält 2 Schraubenlöcher. Zusammen 10,92 m². Verschnitt 14%.

Zeitaufwand: Für 1 lfdm Zaun: 0,144 Maschinenstunden, 0,75 Z (einschließlich Maschinenbedienung).

V. Die Dächer

A. Dacheindeckung mit Brettern oder Schindeln

105 1 m² Dacheindeckung mit einander übergreifenden, ³/₄" bzw. 1" starken, im Mittel 20 cm breiten, rauhen Brettern frei Baustelle anzuliefern und herzustellen:

	Bretter	1,25 m²
	Nägel.	25÷30 St. 31/65 bzw. 31/70
Zeitaufwand	Bretter // zur Traufe .	0,35 Z
	„ ⊥ zur Traufe .	0,40 Z.

106 1 m² einfache (doppelte) Dacheindeckung mit . . . cm breiten, . . . cm langen Schindeln (Lattenentfernung . . . cm), wie vor:

Deckungsart	Schindelabmessungen Breite in cm	Schindelabmessungen Länge in cm	Lattenentfernung in cm	Für 1 m² Dachfläche – Material – Latten	Material – Schindeln Stück	Material – Nägel Stück	Zeitaufwand in Z
a) Einfache Deckung	8	40	30	1 m² fertige Einlattung	49	74	1,0
		50	40		40	60	0,9
		60	45		33	50	0,8
	10	40	30		40	60	0,9
		50	40		32	48	0,8
		60	45		26	39	0,7
	12	40	30		33	—	0,8
		50	40		26	39	0,7
		60	50		22	33	0,6
b) Doppelte Deckung	8	40	15	1 m² fertige Einlattung	98	98	1,8
		50	20		80	80	1,6
		60	25		66	66	1,4
	10	40	15		80	80	1,6
		50	20		64	64	1,4
		60	25		52	52	1,3
	12	40	15		66	66	1,4
		50	20		52	52	1,3
		60	25		44	44	1,2

Anmerkung: a) Die Schindeln erhalten gewöhnlich eine Länge $l = 40 \div 60$ cm, eine Breite $b = 8 \div 10$ cm und eine Stärke von $1{,}2 \div 1{,}5$ cm; an der einen Langseite sind sie mit einer Nut, an der anderen mit einer Feder versehen. Die Eindeckung erfolgt auf Latten 3/5 cm (1 × 2"). Die Lattenentfernung ist von der Schindellänge und der Art der Eindeckung (einfache, einundeinhalbfache, doppelte) abhängig.

Der Übergriff der Schindeln beträgt bei:

Einfacher Deckung . . . . $u = \frac{1}{3} l$
Einundeinhalbfacher Deckung . . . . . . $u = \frac{1}{2} l$
Doppelter Deckung . . . . $u = \frac{2}{3} l$.

Erforderliche Schindelanzahl einschließlich Schwund und Verlust für 1 m² Dachfläche:

$$S = \frac{10\,500}{(l - u)\,b}$$

Erforderliche Nägelanzahl für 1 m² Dachfläche:

Einfache Deckung . . . . . . $N = 1{,}5\,S$
Doppelte Deckung . . . . . . $N = 1{,}0\,S$

b) Die Berechnung erfolgt nach der Länge und Breite der einzelnen Dachflächen in der Dachneigung gemessen. Für 1 lfdm First, Grat oder Ixe ist 1 m², für 1 lfdm Saum, Feuermauereinfassung oder Halbfirst $^1/_3$ m² zuzuschlagen.

B. Dachlattung

Vorbemerkung: Die Berechnung erfolgt nach der Länge und Breite der einzelnen Dachflächen, in der Dachneigung gemessen, nach dem Ausmaße der wirklich eingelatteten (eingeschalten) Fläche. Rinnenausschalungen sind nach m² in der abgewickelten Fläche zu verrechnen.

1 lfdm Dachlattung aus scharfkantigen, astfreien Latten 3/5 cm [24/48 mm] frei Baustelle zu liefern und mit Nägeln 31/80 [31/65] zu befestigen: 107

	a) Einfache, glatte Dachstühle			b) Dachstühle mit Walmen, Querbauten, Dachgauben usw.		
	Material		Zeitaufwand Z	Material		Zeitaufwand Z
	Latten +5% Verschnitt m'	Nägel St.		Latten +10% Verschnitt m'	Nägel St.	
Einfache Nagelung	1,05	2	0,035	1,10	3	0,05
Doppelte Nagelung	1,05	4	0,045	1,10	6	0,06

1 m² Dachlattung für Schindeleindeckung, wie vor beschrieben (einfache Nagelung): 108

Deckungsart	Lattenabstand von Mitte zu Mitte cm	a) Einfache, glatte Dachstühle			b) Dachstühle mit Walmen, Querbauten, Dachgauben usw.		
		Material		Zeitaufwand Z	Material		Zeitaufwand Z
		Latten +5% Verschnitt m'	Nägel St.		Latten +10% Verschnitt m'	Nägel St.	
Doppelte Schindeleindeckung	10	10,5	20	0,4	11,0	30	0,6
	15	7,0	13	0,3	7,4	20	0,4
	20	5,3	10	0,2	5,5	15	0,3
	25	4,2	8	0,17	4,4	12	0,24
Einfache Schindeleindeckung	30	3,5	7	0,14	3,7	10	0,2
	35	3,0	6	0,12	3,2	9	0,17
	40	2,6	5	0,10	2,8	8	0,15
	45	2,4	5	0,09	2,5	8	0,13

Anmerkung: Bei doppelter Nagelung verdoppelt sich die erforderliche Stückzahl Nägel und erhöht sich der erforderliche Zeitaufwand um etwa a) 25%, b) 17%.

1 m² Dachlattung für Ziegel- oder Schiefereindeckung aus scharfkantigen, astfreien Latten 4/6,5 cm frei Baustelle zu liefern und mit Nägeln 46/100 zu befestigen (einfache Nagelung): 109

Lattenabstand cm	Materialbedarf	a) Zeitaufwand Z	b) Zeitaufwand Z
10	wie Nr. 108	0,45	0,65
15		0,35	0,45
20		0,25	0,35
35		0,22	0,29

110 1 m² Dachlattung für geschweifte Dachflächen (Zwiebel- und Kuppeldächer, Ochsenaugen usw.) aus dicht aneinandergenagelten Latten 3/5 cm [24/48 mm]:

Verschnitt . . . . . . 10÷50%
Nägel . . . . 55÷60 St.
Zeitaufwand . . . . . 1,2÷3 Z
Höhenzuschlag . . . 0,15 H.

C. Dachschalung

Vorbemerkung: Die Berechnung erfolgt wie für die Dachlattung.

111 1 m² Dachschalung aus rauhen, . . ." . . . (cm) starken, durchschnittlich 16 cm breiten Brettern frei Baustelle zu liefern und bei einfachen, glatten Dachstühlen zu befestigen:

Für 1 m² und Brettstärke		3/4"	1"	5/4"
a) besäumt	Bretter einschl. Verschnitt m²	1,07		
	Nägel . . . . . . 24 Stück, Nr.	28/55	31/70	31/80
	Zeitaufwand . . . . Z	0,30	0,35	0,40
b) gefugt	Bretter einschl. Verschnitt m²	1,12		
	Nägel . . . . . . 24 Stück, Nr.	28/55	31/70	31/80
	Zeitaufwand . . . . Z	0,35	0,40	0,45
c) gefalzt oder gespundet	Bretter einschl. Verschnitt m²	1,17		
	Nägel . . . . . . 24 Stück Nr.	28/55	31/70	31/80
	Zeitaufwand . . . . Z	0,40	0,50	0,55
	Höhenzuschlag . . . . H	0,10		

Anmerkung: a) Bei großen Dachflächen verringert sich der erforderliche Zeitaufwand um 5÷10% der obigen Ansätze.

b) Bei nicht glatten Dachstühlen (Walmdächern, vielen Schiftungen usw.) sind sowohl Verschnitt als Zeitaufwand entsprechend zu erhöhen.

112 1 m² Dachschalung für geschweifte Dachflächen (Zwiebel- und Kuppeldächer, Ochsenaugen usw.) aus rauhen, 1" starken, schmalen Brettern, sonst wie vor beschrieben:

Verschnitt . . . . . 10÷50%
Nägel . . . . 40 St. 31/70
Zeitaufwand . . . . 1,2÷3 Z
Höhenzuschlag . . 0,15 H

113 1 m² Dachschalung aus einseitig gehobelten 1" starken, ungefähr gleich (im Mittel 16 cm) breiten, gespundeten Brettern, als Dachüberstandsschalung auf die Sparren genagelt:

Bretter . . . . 1,17 m²
Nägel . . . . 24 St. 31/70
Zeitaufwand . . . . 0,55 Z.

1 m² Dachschalung, wie vor, jedoch zwischen den Sparren auf Profilleisten genagelt: *114*

Bretter . . . . 1,15 m²
Profilleisten . . . . 2,8 m′
Nägel . . . . 65 St. 31/65
Zeitaufwand . . . . 1,0 Z.

1 m² Giebelschalung aus rauhen, $^3/_4''$ starken, ungefähr gleich (im Mittel 16 cm) breiten Brettern und 2/5 cm starken rauhen Fugendeckleisten anzufertigen (einschließlich Fluggerüst): *115*

Bretter . . . . 1,1 m²
Fugendeckleisten 5,5÷6,5 m′
Nägel . . . . 30 St. 31/65
Nägel . . . . 20 St. 31/45
Zeitaufwand . . . . 0,5÷0,7 Z (je nach Schwierigkeit der Arbeit).

Anmerkung: Zeitaufwand für Fugen, Hobeln und Fasen der Bretter und Deckleisten von Hand . . . 0,5÷0,7 Z, auf der Maschine . . . 5÷8 Minuten.

1 m² Giebelschalung, wie vor, jedoch mit (2,5 cm) Übergreifung der Bretter zur Fugendeckung (Stülpschalung): *116*

Bretter . . . . 1,2 m²
Nägel . . . . 35 St. 40/100
Zeitaufwand . . . . 0,45÷0,5 Z.

1 lfdm Kehlschalung aus rauhen 1″ starken Brettern, 50 cm breit; frei Baustelle zu liefern und anzubringen: *117*

Bretter . . . . 0,55 m²
Nägel. . . . . 12 St. 31/70
Zeitaufwand . . . . 0,6 Z.

1 lfdm Kehlschalung, wie vor, jedoch zwischen den Sparren genagelt: *118*

Bretter . . . . 0,50 m²
Dachlatten . . . . 1,50 m′
Nägel. . . . . 20 St. 31/70
Zeitaufwand. . . . 1,2÷1,5 Z.

1 m² Keilrinnenschalung als Zuschlag zu Nr. 111 *119*

Bretter . . . . 1,25 m²
Kantholz . . . . . . 1,7 m′ 8/8 cm
Nägel. . . . . 10 St. 40/100
„ . . . . 30 St. 31/70
Zeitaufwand . . . . 0,6 Z.

1 m² Dach- und Seitenschalung, 1″ stark, an Laternenaufbauten, Entlüftungstürmen usw., sonst wie Nr. 111 a) bis c): *120*

	a)	c)
Bretter	1,15 m²	1,25 m²
Nägel.	35 St. 31/70	35 St. 31/70

Zeitaufwand um so größer, je kleiner die einzuschalenden Flächen sind: Zuschlag 50÷100%.

D. Dachgesimsschalung

Vorbemerkung: Die in der Praxis vorkommenden Ausführungsformen der Dachgesimse sind so verschiedenartig, daß eine Angabe des für ihre Herstellung erforderlichen durchschnittlichen Material- und Zeitaufwandes schwer möglich ist; es sollen deshalb im Folgenden außer verschiedenen Einzelarbeiten bei der Gesimsherstellung einige Beispiele ausgeführter, einfacher Dachgesimse gebracht werden. Um bei der Preisermittlung die für die Lieferung in Frage kommenden Gesimsteile sowie die zu ihrer Bearbeitung und zu ihrem Anbringen erforderliche Arbeitszeit richtig abschätzen zu können, ist ein möglichst genauer Ausschreibungswortlaut (womöglich eine Zeichnung) erforderlich. Die Kosten der Gerüstherstellung sind stets, insbesondere aber in den Fällen, wo der Zimmermann das Gerüst beizustellen und dasselbe anderen Handwerkern (Spengler, Schlosser, Anstreicher usw.) zur Mitbenützung zur Verfügung zu stellen hat, gesondert zu veranschlagen, da auf diese Weise eine „Verwässerung" der Preise vermieden, die Preisermittlung selbst vereinfacht, schließlich aber auch die Sicherheit des Gerüstes günstig beeinflußt wird. Empfehlenswert für die Anbotstellung ist die Lieferung nach lfdm, weniger nach m².

121 1 lfdm Stirnbretter aus 1″ starken, einseitig gehobelten bis zu 20 cm breiten Brettern frei Baustelle zu liefern und anzubringen:

Beschreibung	Material		Zeitaufwand	
	Bretter m²	Nägel St.	Z-Stunden	Maschinen-Stunden
Lotrecht stehend			0,50	—
Schräg stehend (nach Zeichnung) .	0,22	4 St. 31/80	0,55	—
Profiliert (nach Zeichnung)			0,65	0,15

122 1 lfdm Windbretter aus 1″ starken, einseitig gehobelten, bis zu 20 cm breiten Brettern frei Baustelle zu liefern und anzubringen:

Bretter . . . . 0,22 m²
Nägel. . . . . 5 St. 31/80
Zeitaufwand. . . . 0,5 Z.

123 1 lfdm Dreikantleisten, rauh, 5 cm Schenkellänge, frei Baustelle zu liefern und anzubringen:

Leisten. . . . . . . 1,05 m′
Nägel . . . . 4 St. 31/80
Zeitaufwand . . . 0,15 Z.

124 1 Stück Rinneneisen für Vorhängerinnen einzulassen und anzubringen:

Zeitaufwand. . . . 0,4 Z.

125 1 lfdm profilierte Putzleisten, 1″ stark, bis zu 5 cm Breite, zu liefern und anzubringen:

Bretter . . . . . 0,06 m²
Nägel. . . . . . 4 St. 31/80
Zeitaufwand: { 0,10 Maschinenstunden und 0,20 Z.

Verschiedene ausgeführte Dachgesimse

126 1. 1 lfdm Kastengesimse, bestehend aus einem 1″ starken, gehobelten, etwa 10 cm breiten Hängebrett und einem etwa 15 cm breiten. gehobelten Stirnbrett, anzufertigen, frei Baustelle zu liefern und anzubringen:

Bretter . . . . 0,28 m²
Nägel. . . . . 9 St. 31/80
Zeitaufwand. . . . 0,8 Z.

2. 1 lfdm Dachgesimse, bestehend aus einem 1″ starken, etwa 30 cm breiten Hängebrett, einem etwa 24 cm breiten Stirnbrett, einer $^3/_5$ cm [24/48 mm] starken Putzleiste und einem $^3/_4$ cm starken, gekehlten Rinnenstab, alle Holzteile an den sichtbaren Teilen gehobelt, sonst wie vor: 127

Bretter . . . . 0,6 m²
Putzleiste . . . . . 1,05 m′
Rinnenstab . . . . 1,05 m′
Nägel . . . . 10 St. 31/80

Zeitaufwand: {Fugen, Fräsen und Hobeln von Hand 0,45 Z
Dasselbe maschinell . . . . 0,1 ÷ 0,14 Maschinenstunden
Anbringen des Gesimses . . . . . . 1,5 Z.

3. 1 lfdm Giebelgesimse, bestehend aus einem 1″ starken, etwa 10 cm breiten Hängebrett, einem etwa 20 cm breiten Stirnbrett und einer etwa 10 cm breiten Deckleiste, alle Holzteile an den sichtbaren Seiten gehobelt, einschließlich der erforderlichen Auffütterungslatten, sonst wie vor: 128

Bretter . . . . 0,45 m²
Dachlatten . . . . . 0,50 m′
Nägel . . . . 20 St. 31/80
Zeitaufwand . . . . 1,1 Z.

4. 1 m² (reiner Meßgehalt, abgewickelt) Dachgesimse lt. nebenstehender Abbildung (Gesamtausmaß 29 m²), bestehend aus einem dreiteiligen 1″ starken Hängebrett, einem 1″ starken, unten abgerundeten, mit einer Nut versehenen Stirnbrett, zwei 25/40 mm starken, oval abgerundeten Deckleisten und einem profilierten 48/60 mm starken Abschlußstab; Bretter, Deckleisten, der Eckstab maschinell zugerichtet, Maurergerüst zur Verfügung, sonst wie vor. 129

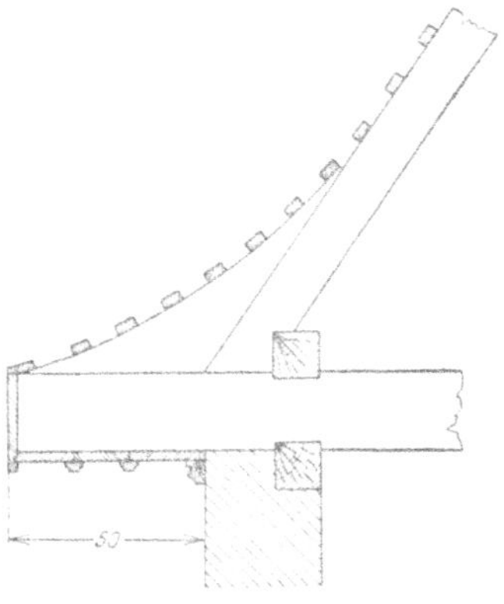

Erforderliches Material: Bretter, Deckleisten usw. laut obigen Angaben mit ~20% Verschnitt. Nägel: 1 Paket 9 cm lang, 2 Pakete (5 kg) 31/65, 1 Paket 20/35.

Zeitaufwand: Aussuchen des Materials, Beförderung desselben auf die Maschinen, einschließlich Zeit für Maschinenbedienung, Anbringen des Gesimses:

Arbeitszeit . . . . . . 1,92 Z
Maschinenzeit . . . 9 Minuten.

5. 1 lfdm gehobeltes Kastengesimse laut nebenstehender Abbildung (Gesamtlänge 44,3 m′), bestehend aus 12 cm breiten Lang- und Querfriesen, und einem 30 cm breiten Hängebrett nebst abgerundeten 5/7 cm starkem Abschlußstab; Stirnbrett, Quer- und Langfriese, Unterlagslatten und Füllungsbrett 23 bis 24 mm stark, die Füllungsfelder quadratisch (0,26 × 0,26 m); Stirnbrett, Friese, Füllungsbrett und Abschlußstab auf der Maschine gehobelt, Maurergerüst zur Verfügung. sonst wie vor. 129a

Erforderliches Material: 1 lfdm Gesims mißt abgewickelt (ohne Abschlußstab) 0,76 m². Holzmaterial für 1 lfdm Gesims: 1 Stirnbrett 26 cm, 1 Langfries 12 cm, 1 Langfries 14 cm, 3 Querfriese 12/26 cm, 1 Füllungsbrett

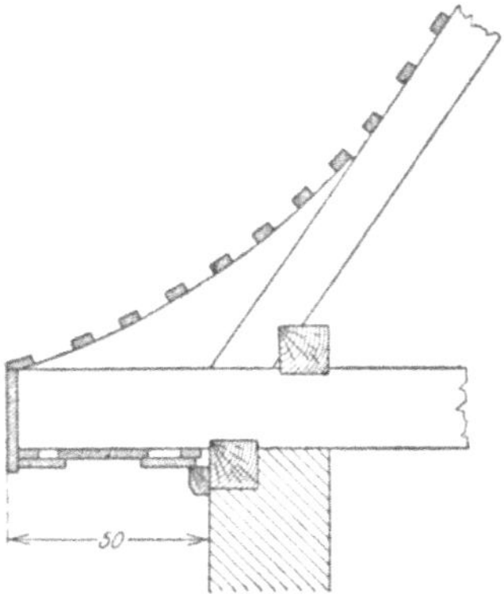

30 cm, 2 Latten je 5 cm breit, zusammen 1,03 m²; hiezu ein Gesamtverschnitt für 1 lfdm von ~ 42 %. Nägel für 1 lfdm Gesims: 3 St. 10 cm lang, 52 St. 31/65.

Zeitaufwand: Aussuchen des Materials und Beförderung zur Hobelmaschine (auf dem Zimmerplatz) und mit Handwagen auf die 1 km entfernte Baustelle bzw. auf das Gerüst, einschließlich Zeit für Maschinenbedienung und Anbringen des Gesimses:

Arbeitszeit . . . . . 2,52 Z
Maschinenzeit . . . 11 Minuten.

E. Sparren, Pfetten, Kopfbänder usw.

130 1 lfdm Sparren 8/12÷10/15 cm bei einfachen, glatten Dachstühlen frei Baustelle zu liefern, anzuarbeiten, aufzuziehen und zu befestigen:

Kantholz . . . . 1,05 m'
Sparrennägel . . . . 3 kg/m³
Zeitaufwand . . . . . 0,2÷0,25 Z.

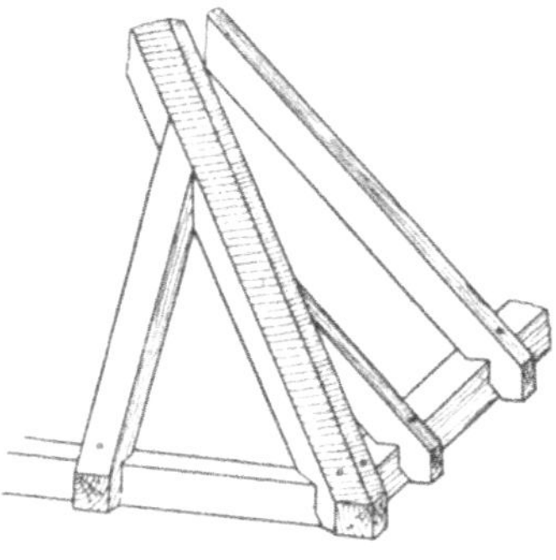

a)

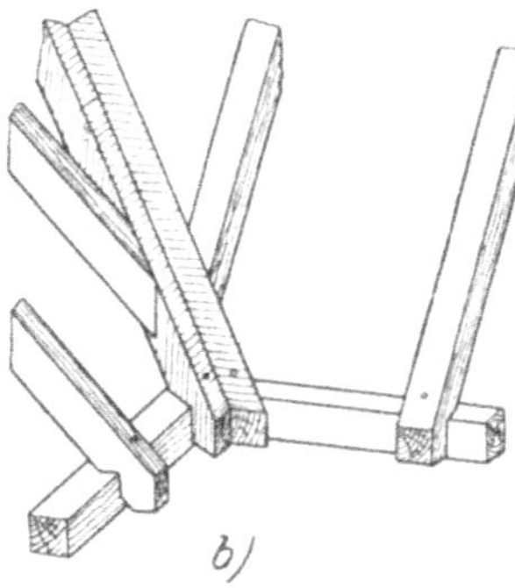

b)

Anmerkung: Bei nicht glatten Dachstühlen (Walmdächern oder verwickelten Schiftungen [s. Abb.] usw.) sind für den erforderlichen größeren Verschnitt und Zeitaufwand Zuschläge bis etwa 20 % zu machen.

131 1 Stück Sparrenkopf nach Zeichnung zu profilieren:
a) Sparrenkopf mit ganzer Schweifung . . . . Zeitaufwand 0,4 Z
b) Grat- oder Kehlsparrenkopfschweifung . . . . . Zeitaufwand 0,7 Z.

132 1 Stück geraden Aufschiebling am Dachfuß aus 8/15 cm starken Bohlen, 1 m lang, frei Baustelle zu liefern und anzubringen:

Bohlen . . . . 0,15 m²
Nägel . . . . 4 St. 40/100
Zeitaufwand . . . . 0,50 Z

1 Stück Aufschiebling wie vor, jedoch geschweift: *133*

Bohlen . . . . 0,15 m^2
Nägel . . . . 4 St. 40/100
Zeitaufwand . . . . 0,75 Z.

1 Stück Grat- oder Kehlaufschiebling als Zuschlag zu Nr. 132 *134*
und 133:

Materialzuschlag 20%
Zeitzuschlag . . . . 0,5 Z.

1 lfdm Bretter 1″ stark, 20 cm breit, über Gesimsausleger zur Auf- *135*
nahme der Aufschieblinge frei Baustelle zu liefern und anzubringen:

Bretter . . . . 0,20 m^2
Nägel . . . . 4 St. 31/70
Zeitaufwand . . . . 0,15 Z.

1 Stück Gesimsknaggen, 1 m lang, 8/10 cm stark, frei Baustelle zu *136*
liefern und anzubringen:

Kantholz . . . . . . 0,008 m^3
Nägel . . . . 2 St. 70/180
Zeitaufwand . . . . 0,4 Z.

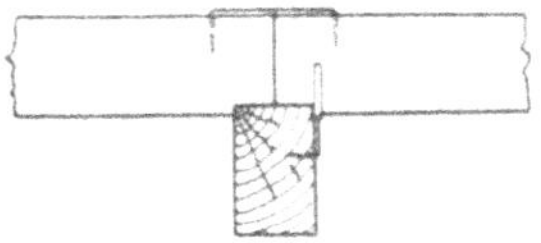

1 lfdm Pfetten bei einfachen, glatten Dachstühlen, frei Baustelle zu liefern, anzuarbeiten, aufzuziehen und zu befestigen: *137*

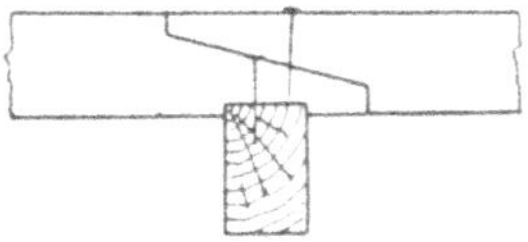

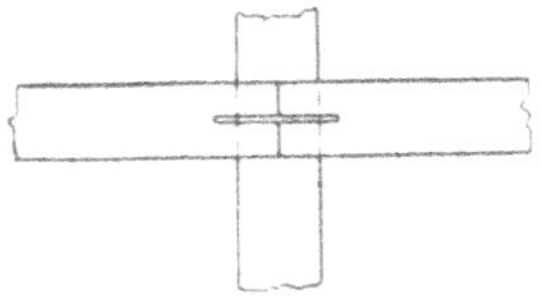

Kantholz . . . . 1,05 m′
Klammern, Nägel . . . . 5 kg/m^3
Zeitaufwand { Querschnitt 180 bis 320 cm^2 . . . 0,3 ÷ 0,4 Z
Zeitaufwand { Querschnitt 330 bis 500 cm^2 . . . 0,4 ÷ 0,5 Z.

1 Stück Pfettenkopf nach Zeichnung zu profilieren: *138*
a) mit Hohlkehle oder Rundstab . . . . Zeitaufwand 0,25 Z
b) mit Hohlkehle und Rundstab . . . . Zeitaufwand 0,35 Z.

1 lfdm Gelenkpfetten, sonst wie vor: *139*

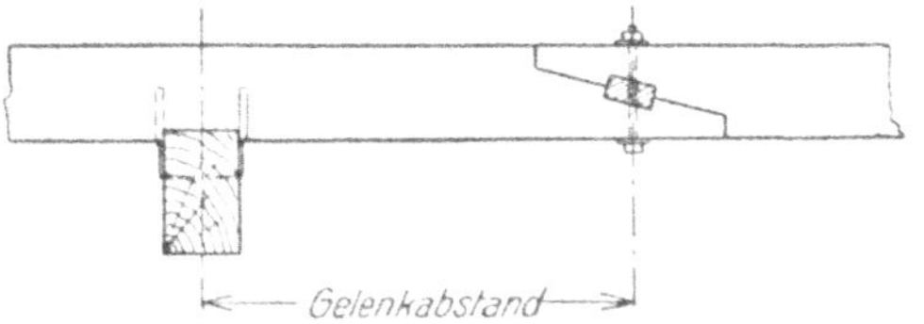

Kantholz . . . . 1,1 m′
Klammern . . . . 5 kg/m^3
Schrauben . . . . 2 kg/m^3
Zeitaufwand . . . . ∼ 25 Z/m^3 oder
für Anarbeiten . . . . 0,27 ÷ 0,3 Z/m′
Aufziehen und Befestigen . . . . 0,27 ÷ 0,3 Z/m′.

140 1 lfdm Pfetten, als Durchlaufträger ausgebildet, sonst wie vor:

Zeitaufwand für	Anarbeiten	0,30 ÷ 0,35 Z
	Aufziehen und Befestigen	0,27 ÷ 0,30 Z.

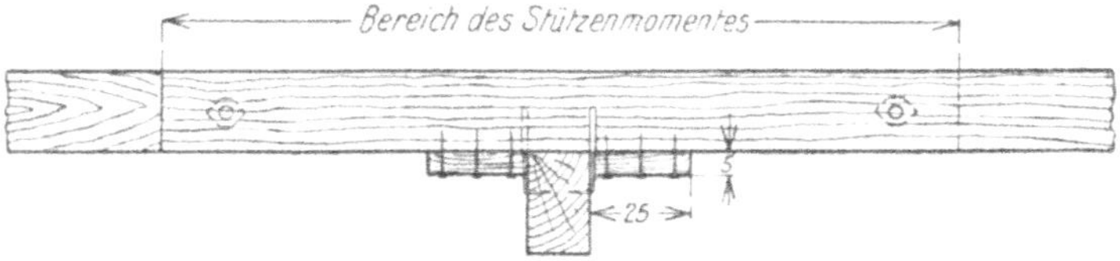

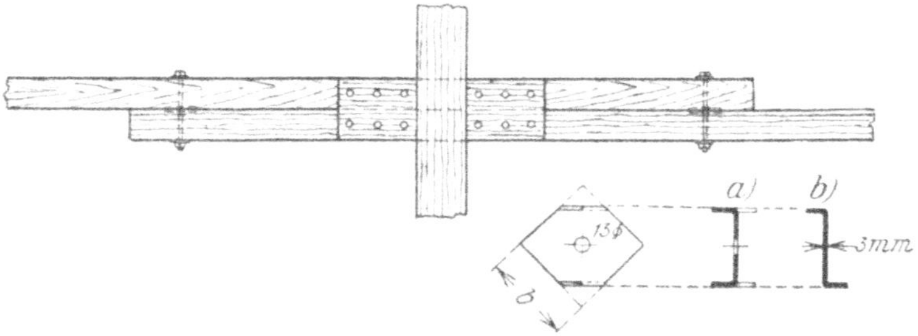

141 1 lfdm Kopfbänder (Kopfbüge) 10/10 bis 15/15 cm stark, sonst wie vor:

Kantholz		1,05 m′
Klammern (Nägel)		3 kg/m³
Zeitaufwand	Querschnitt bis 10/10 cm	0,25 ÷ 0,30 Z
	Querschnitt bis 15/15 cm	0,30 ÷ 0,35 Z.

142 1 lfdm Mauerlatten s. Nr. 23.

Anmerkung: a) Für Arbeiten auf Eisenkonstruktionen sind entsprechende Zeitzuschläge zu machen, die je nach Schwierigkeit der Arbeit bis zu 30% und mehr betragen können.

b) Zeitzuschlag für Gebäudehöhen über 8 m, $^1/_2$ ÷ 1 Minute f. d. lfdm Holz oder von 1,5 H/m³ für je 4 m Mehrhöhe.

F. Zimmermannsmäßige Dachstühle

Zeitaufwand für Abbinden, Transport vom Materiallagerplatz auf den Bau, Aufziehen des Materiales und Aufrichten

[Bis 10 m Gebäudehöhe (2 Stockwerke)]

143 1 lfdm Kantholz (10/12 bis 15/18) für ein einfaches, glattes Dach (ohne Schiftung) laut Arbeitszeichnung abzubinden, frei Baustelle zu liefern und aufzustellen:

Schnittverlust		2 ÷ 4% (Vorratsholz)
Zeitaufwand[1]	für Abbund und Transport	0,21 ÷ 0,24 Z
	für Aufstellen	0,14 ÷ 0,16 Z.

[1]) Bei stärkeren Holzabmessungen ist der angegebene durchschnittliche Zeitaufwand um 10 bis 20% zu erhöhen.

1 lfdm Kantholz für einen ganz abgewalmten, glatten Dachstuhl mit gleicher Neigung und rechtwinkliger Grundform, einschließlich Kehlgebälk, sonst wie vor: *144*

Schnittverlust . . . . 7÷12% (Vorratsholz)

Zeitaufwand[1] { für Abbund und Transport . 0,24÷0,27 Z / für Aufstellen . . . . 0,16÷0,18 Z } oder ∼25 Z/m^3.

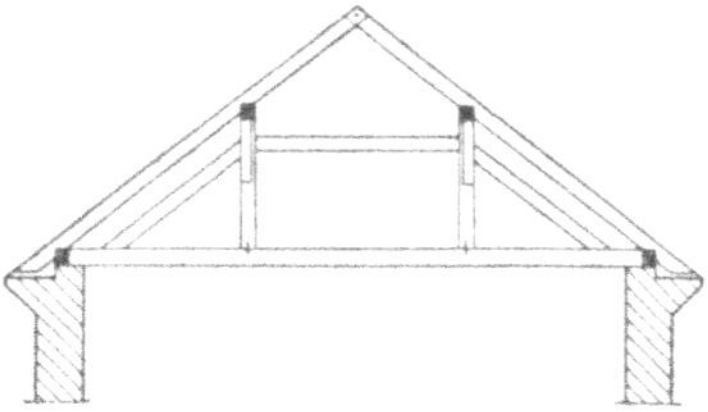

1 lfdm Kantholz für einen ganz abgewalmten Dachstuhl mit ungleichen Neigungen und schräger Grundform, sonst wie vor: *145*

Schnittverlust . . . . 10÷15% (Vorratsholz)

Zeitaufwand[1] { für Abbund und Transport . 0,27÷0,30 Z / für Aufstellen . . . . 0,18÷0,20 Z } oder ∼30 Z/m^3.

1 lfdm Kantholz für ein Querdach, sonst wie vor: *146*

Giebelbreite 3 bis 4 m . . . . Zeitaufwand 0,45 Z (28 Z/m^3)
„ 4 bis 6 m . . . . „ 0,48 Z (31 Z/m^3)
Querdach abgewalmt . . . . „ 0,50 Z (33 Z/m^3).

1 lfdm Kantholz für Dachgauben, sonst wie vor: *147*

Giebelbreite bis zu 2 m . . . . Zeitaufwand 0,55 Z } (38 Z/m^3).
ohne Giebel (Schlappdächer) . . . . „ 0,50 Z }

1 lfdm Kantholz für einen glatten Krüppelwalm, sonst wie vor: *148*

Bis 2 m Trauflinienlänge . . . . . . Zeitaufwand 0,60 Z
„ 4 m „ . . . . . . „ 0,55 Z.

1 lfdm Kantholz für Krüppelwalme an schrägen Giebeln, sonst wie vor: Zeitaufwand 0,65 Z. *149*

Ochsenaugen bis 2,5 m Breite und 70 cm Stichhöhe einschließlich Aufreißen und Lattenschalung, als Zuschlag für 1 Stück: *150*

Zeitaufwand 11÷12 Z.

1 lfdm Kantholz für Dachstühle mit ungleich geneigten Dachflächen, mehreren verschieden großen Querbauten, Dachgauben (Dachläden), ohne Ochsenaugen, sonst wie Nr. 143. *151*

Zeitaufwand 0,6÷0,7 Z (36÷40 Z/m^3).

1 lfdm Kantholz für Turm- und Kuppelbauten, sonst wie Nr. 143: *152*

Je nach Form und Höhe . . . . . Zeitaufwand 0,8÷1,4 Z (40÷70 Z/m^3).

---

[1]) Bei stärkeren Holzabmessungen ist der angegebene durchschnittliche Zeitaufwand um 10 bis 20% zu erhöhen.

G. Beispiele aus der Praxis für das Abbinden und Aufrichten des gesamten Traggerippes von Holzbauten

1. 1 lfdm Kantholz für Siedlungsbauten (Reihenhäuser), mit massiven Außenwänden und Dachstühlen aus durchwegs schwächerem Holz (z. B. Balken 8/18, 10/20; Pfosten 8/12, 10/12, 12/12; Sparren 8/12, 8/15 cm usw.) abzubinden, frei Baustelle zu liefern und aufzurichten:

a) bei glatten Dachstühlen einschließlich kleiner Dachläden und Dachgauben, bei aufgekämmten Balken und ein- bis zweimal verriegelten Wänden:
Zeitaufwand .... 0,18÷0,20 Z,

b) bei Dachstühlen mit Schiftungen, sonst wie vor:
Zeitaufwand .... 0,20÷0,25 Z,

c) wie unter a), jedoch die Balken nicht aufgekämmt, die Wände nicht verriegelt:
Zeitaufwand .... 0,17÷0,18 Z.

2. 1 lfdm Kantholz zu Fachwerksbauten (einmal verriegelt), mit ein bis zwei Stockwerken und einfacher Dachschiftung (1 Querdach und 2 Krüppelwalme), sonst wie vor:
Zeitaufwand .... 0,3÷0,35 Z (20 Z/m^3).

3. Großes Scheunengebäude:
Länge 60 m, Breite (Spannweite) 20 m, Binderentfernung 5 m; Höhe von Fußbodenoberkante bis Oberkante Kappschwelle 4,55 m, bis zum Dachfirst 11,10 m. Dach sattelförmig.
Bundpfosten und Hauptstreben stehen auf einer eichenen, im Grundmauerwerk verankerten Kantholzschwelle; die Sockel- und Giebelwandschwellen bestehen aus Eichenkantholz, das ganze sonstige Gerippe besteht aus weichem Rundholz von ⌀ 15 bis ⌀ 27 cm.
Gesamtlänge des verarbeiteten Kant- und Rundholzes 4474 m'.
Zeitaufwand für das Abbinden ... 0,29 Z/m' (11,8 Z/m^3)
Zeitaufwand für das Aufrichten ... 0,21 Z/m' (8,8 Z/m^3)
(ohne Materialbeförderung zur Baustelle).

4. Kleineres Scheunengebäude aus beschlagenem Holz:
Breite 12,7 m, Länge 5 m; glattes Satteldach; 2 Gebälke 2 cm aufgekämmt, (17/20), die Wände dreimal verriegelt (Wandhölzer 14/14, 12/14):
Gesamtlänge des verarbeiteten Rundholzes 528 m'
Zeitaufwand für das Beschlagen .... 0,25 Z/m'
Zeitaufwand für das Abbinden und Aufrichten . 0,37 Z/m'.

5. Blockhaus (Sommerwirtschaft):
Breite 4,20 m, Länge 9,50 m; glattes Satteldach mit zwei Krüppelwalmen; die Blockhölzer aus doppelt gestreiften (mit der doppelten Bauholzkreissäge gesägten) starken Baustangen:
Gesamtlänge des verarbeiteten Rundholzes 1116 m'.
Zeitaufwand für das Sägen, Abbinden und Aufrichten 0,25 Z/m'
Maschinenzeit ... 0,65 Minuten/m'.

6. Größeres Scheunengebäude: Abgewalmter Dachstuhl einschließlich Dachgebälk. Umfassungs- und Einbauwände massiv.
Gesamtlänge des verarbeiteten Kantholzes ... 2517 m'
Zeitaufwand für Abbinden und Aufrichten ... 0,53 Z/m'.

7. Ebenerdiges, freistehendes Einfamilienwohnhaus, (Länge 9,00 m, Breite 8,43 m), mit einem Querbau. Umfassungswände aus Fachwerk. Außen- und Einbauwände zweimal verriegelt. Balken und Schwellen aufgekämmt. Mansarddachstuhl ganz abgewalmt (viel Schiftung):

Gesamtlänge des verarbeiteten Kantholzes . . . 1382 m′
Zeitaufwand für Abbinden und Aufrichten . . . . 0,44 Z/m′.

8. Zweistöckiges, freistehendes, massives Einfamilienwohnhaus, 10,10 × 13,00 m:
1. Gebälk: die leeren Balken 10/26, die Bundbalken 15/26.
2. Gebälk: die leeren Balken 10/24, die Bundbalken 15/24.
Pfetten 14/16, Wand- bzw. Türpfosten 14/14, Sparren 10/14, Gratsparren bis 12/20. Dachstuhl ganz abgewalmt, ebenso die drei Querbauten. Kein Kehlgebälk, Dachstuhl nicht eingebaut.

Gesamtlänge des verarbeiteten Kantholzes . . . 1053 m′
Zeitaufwand für Abbinden und Aufrichten . . . . 0,394 Z/m′ (20 Z/m³).

9. Einstöckiges Einfamilienwohnhaus 8,70 × 10,80 m:
Außenwände massiv, Innenwände zweimal verriegeltes Fachwerk; Kellerdecke in Holz. Dachstuhl Satteldach mit Querbau.
Erdgeschoß und Dachgebälk 14/20; Kehlgebälk 10/16; Pfosten der Giebelwände 14/14; Büge, Riegel und Schwellen 10/14; Pfetten 14/17 und 12/14; Pfosten der Einbauwände 12/12, 10/10, Büge und Riegel 10/10, 10/12; Sparren 10/14.

Gesamtlänge des verarbeiteten Kantholzes . . . 1270 m′
Zeitaufwand für Abbinden und Aufrichten . . . 0,334 Z/m′.

H. Freitragende Dächer

Zu dieser Gruppe gehören alle ingenieurmäßig, das ist mit den neuzeitlichen Hilfsmitteln der Statik und Festigkeitslehre berechneten Dachkonstruktionen, deren Tragwerk entweder aus Fachwerk- oder Vollwandbindern in Balken- oder Bogenform, in neuester Zeit auch aus einem rautennetzartig angeordneten Tonnenflechtwerk besteht.

1. Fachwerkbinder

Die am häufigsten und bis zu Spannweiten von 35 und 40 m verwendete Binderform ist der Mansardbinder. Übliche Binderentfernung 5 bis 6 m, nach Erfordernis auch mehr; bei Anhängung von Putz- oder begehbaren Decken an die Binderuntergurte ist eine geringere Binderentfernung, etwa von 4 m, empfehlenswert. Höhe des Binders je nach der Spannweite $^1/_7$ bis $^1/_8$ der Spannweite.

a)

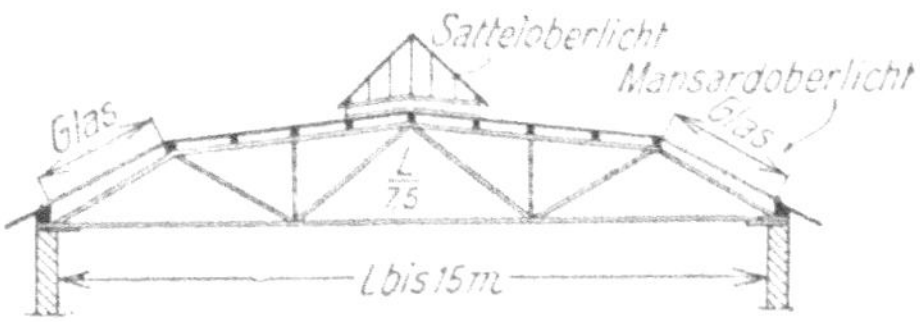

Satteldachbinder erweisen sich nur bis zu Spannweiten von 22 bis 25 m als zweckmäßig und erfordern wesentlich mehr Holzmaterial als Mansardbinder. Flache Dachneigungen sind hier wegen der Gefahr des Durchsackens zu vermeiden. Höhe des Binders $^1/_4$ bis $^1/_5$ der Spannweite.

Was die Ausbildung der Füllstäbe der Fachwerkbinder und die Art der Stabanschlüsse betrifft, sind zweierlei Arten von Bindern zu unterscheiden:

a) Ältere Bauweisen nach Howe und Long: Hölzerne Druckschrägen und Zugpfosten aus Rundeisen, welch letztere bei kleinen Spannweiten auch manchmal durch hölzerne Doppelzangen ersetzt werden.

b)

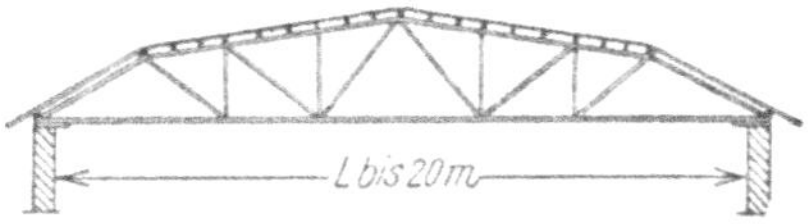

c)

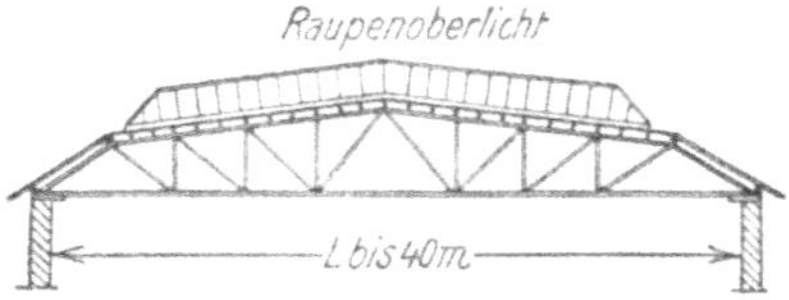

b) Neuzeitliche Bauweisen mit Dübeleinlagen: Bei diesen erfolgt der Anschluß der gezogenen (bei manchen Bauweisen auch der gedrückten) Füllstäbe mittels besonderer Dübeleinlagen aus Bandeisen, Gußeisen, Hartholz u. dgl. Die bekanntesten patentierten Dübelformen sind die Tuchschererschen Ringdübel, die U-Bügel und doppelkegelförmigen Gußeisendübel der Firma Kübler, die Krallenscheiben der Firma Metzke & Greim, die Rohrdübel der Firma Cabröl, die Stahlstifte der Firma Meltzer.

Was den Material- und Zeitaufwand für die Herstellung der Binder nach den hier genannten, verschiedenen Bauweisen anbelangt, so ist derselbe naturgemäß ein verschiedener, da jede Bauweise je nach ihrer Konstruktionsart einen größeren oder geringeren Holz- bzw. Eisenverbrauch und je nach dem einfacheren oder mehr oder weniger umständlicheren Abbindevorgang verschiedene Arbeitszeiten benötigt.

Was den Holzverbrauch betrifft, kann nach diesbezüglich angestellten vergleichenden Untersuchungen angenommen werden, daß derselbe bei der Bauweise Meltzer um etwa 20% geringer, bei der Bauweise Stephan hingegen etwas 20% größer ist als bei den Bauweisen Tuchscherer und Kübler, welch letztere wiederum den geringsten Eisenverbrauch aufweisen dürften.

Für Veranschlagungszwecke dürften die im folgenden angegebenen Durchschnittswerte für den Materialverbrauch sowie für den Zeitaufwand umso eher genügen, als sowohl die obgenannten als die heute sonst noch verwendeten anderen freitragenden Holzbauweisen in Deutschland, in Österreich, wie auch in anderen Ländern mit wechselndem Erfolge in ständigem Wettbewerb stehen und daher in ihren gesamten Herstellungskosten nicht weit von einander abweichen können.

2. Zeitaufwand für das Abbinden und Aufrichten der Fachwerkbinder, Längsverbände, Windträger und Binderstützen

Das Tragwerk eines Holzhallenbaues besteht in der Regel aus den Bindern samt Binderstützen, den Pfettensparren bzw. Pfetten (samt Kopfbändern) und Sparren, ferner aus den zur Längsversteifung des Daches dienenden Längs-(Vertikal-)verbänden und den unter Umständen zur Unterstützung der Giebelwände angeordneten wagrechten Windträgern.

Die erforderlichen Zeitangaben für das Anarbeiten und Verlegen der Pfetten und Sparren, sowie für die Herstellung der Dachschalung enthalten die Seiten 48 bis 54.

Das Abbinden der Binder: Für die Herstellung des Schnürbodens (Reißbodens), das Aufreißen und die Herstellung eines Standbaumes (s. Abb.) ist ein Zeitaufwand von 90÷100 Z erforderlich, welcher beim Veranschlagen des Zeitaufwandes für das Abbinden zur sonstigen Arbeit zugeschlagen werden

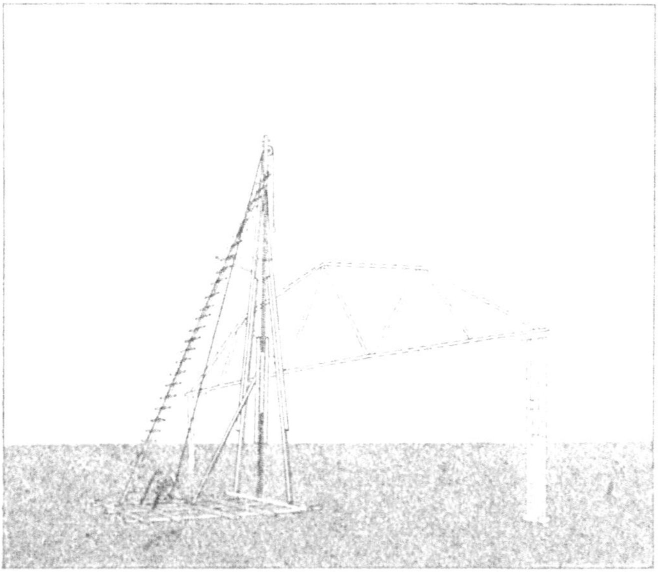

muß. Je geringer daher die abzubindende Gesamtlänge des Binderholzes ist, ein desto größerer Zuschlag für obige Arbeiten muß auf den lfdm Abbund gemacht werden. Die folgenden Zeitangaben sind unter der Annahme einer durchschnittlich abzubindenden Gesamtlänge von 800 lfdm aufgestellt, bei welcher sich der Zeitaufwand für die Herstellung des Reißbodens, für das Aufreißen sowie für die Anfertigung des Standbaumes mit

$$\frac{90 \div 100 \text{ Z}}{800} = 0{,}1125 \div 0{,}125 \text{ Z berechnet.}$$

Bei nur 400 lfdm Abbund ergibt $\frac{90 \div 100 \text{ Z}}{400} = 0{,}225 \div 0{,}25 \text{ Z}$, d. h. es sind zu dem nachfolgend angegebenen Zeitaufwand für das Abbinden 0,225—0,1125 = 0,1125 bzw. 0,125 Z zuzuschlagen.

Umgekehrt wird bei 2400 lfdm Abbund $\frac{90 \div 100 \text{ Z}}{2400} = 0{,}038 \div 0{,}042$, d. h. der nachfolgend angegebene Zeitaufwand für das Abbinden ist um 0,1125—0,0380 = 0,0745 bzw. 0,083 Z zu ermäßigen.

1 lfdm Binderholz (Einzelholz) bei einfacher, normaler Binderausführung, Spannweiten bis zu etwa 30 m, frei Baustelle zu liefern, abzubinden und zusammenzustellen: *153*

Zeitaufwand . . . . 0,5÷0,6 Z.

154 1 lfdm Binderholz, wie vor, jedoch bei großen Spannweiten, schwieriger Arbeit bei den Knotenanschlüssen (mehrgurtige Rahmen-, Dreigelenkbinder u. dgl.): Zeitaufwand . . > 0,6÷0,7 Z.

Das Aufrichten der Binder:

155 1 lfdm Binderholz (Einzelholz) bei einfacher, normaler Binderausführung, Spannweiten bis zu etwa 30 m, Binderauflager nicht über 4 bis 6 m über Erdboden, an Ort und Stelle zu befördern, aufzuziehen und zu versteifen:

Zeitaufwand . . . 0,2÷0,3 Z.

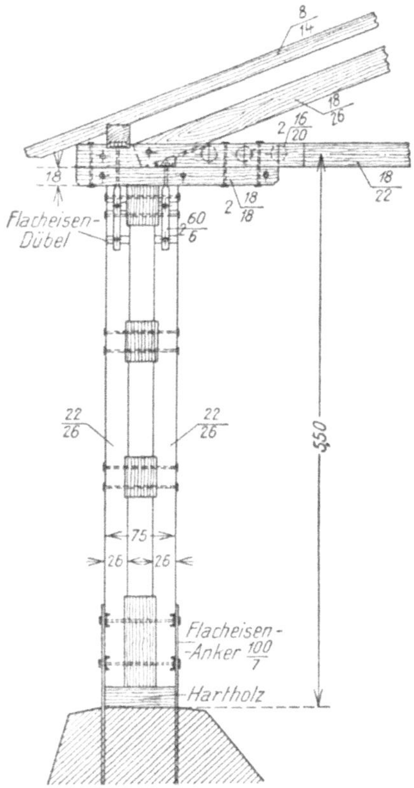

156 1 lfdm Binderholz, wie vor, jedoch bei großer Spannweite, Montageerschwernissen, großer Montagehöhe u. dgl.:

Zeitaufwand bis zu 0,6 Z.

Abbinden und Aufstellen der Binderstützen:

157 1 lfdm Kantholz für Doppelsäulen mit Klötzelholzeinlagen (s. Abb.) frei Baustelle zu liefern, abzubinden und aufzustellen einschließlich Befestigung aller Verankerungen:

Zeitaufwand . . . 0,8÷0,9 Z.

Längs-(Vertikal-)verbände:

158 1 lfdm Bohlen für die Herstellung eines Längsverbandes zwischen den Binderpfosten anzubringen:

Zeitaufwand . . . 0,2÷0,25 Z.

Abbinden und Aufstellen der Windträger:

159 1 lfdm Kantholz (Bohlen) für einen Windträger abzubinden und aufzustellen:

Zeitaufwand . . . 0,6÷0,7 Z.

3. Material- und Zeitaufwand für die Herstellung von Mansarddächern

Der folgenden Zusammenstellung liegt die Annahme einer Binderentfernung von 5,0 m zugrunde. Bei größeren oder kleineren Binderentfernungen kann der Veranschlagung des Material- und Zeitaufwandes ein Binder derjenigen Stützweite zugrunde gelegt werden, welche sich nach Vervielfältigung der gegebenen Stützweite mit der Verhältniszahl

$$\nu = \frac{\text{gegebene Binderentfernung}}{\text{5,0 m Binderentfernung}}$$

ergibt. Für einen Binder von 20 m Stützweite und 6,0 m Binderentfernung ergibt sich beispielsweise $\nu = \frac{6{,}0}{5{,}0} = 1{,}2$, so daß für die Ermittlung des durchschnittlichen Material- und Zeitaufwandes die betreffenden Angaben für einen

Binder von der Stützweite $1{,}2 \times 20{,}0 = 0{,}24$ zu benützen sind. Der erforderliche Material- und Zeitaufwand für die Pfetten und Sparren kann näherungsweise durch Vervielfältigung der für eine Binderentfernung von 5,0 m angegebenen Werte mit der Verhältniszahl ν ermittelt werden.

Satteldachbinder erfordern im allgemeinen einen um etwa 20% größeren Holzverbrauch als Mansardbinder der gleichen Spannweite.

a)

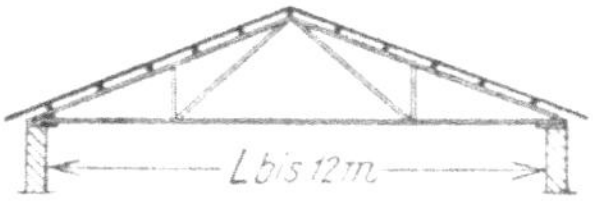

b)

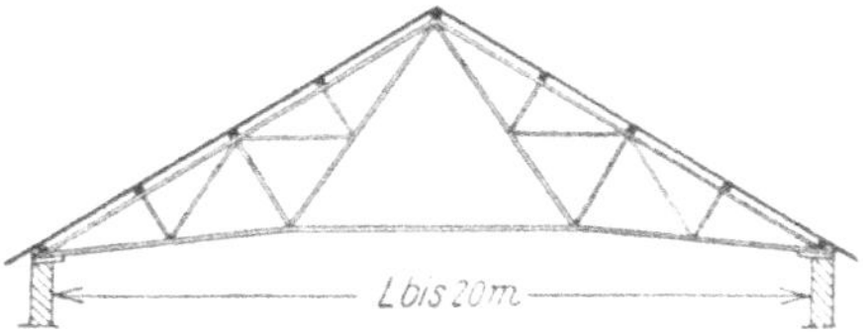

Durchschnittlicher Material- und Zeitaufwand für 1 m² Dachgrundrißfläche 160

Stützweite m	Binder			Pfetten und Sparren			Schalung		
	Kantholz	Schrauben und Dübel	Zeitaufwand Z	Kantholz m³	Nägel und Klammern	Zeitaufwand Z	Bretter m³	Nägel kg	Zeitaufwand Z
12	0,016	0,60	0,8	0,018	0,08	0,32	0,022	0,12	0,32
14	0,017	0,60	0,8	0,018	0,09	0,32	0,022	0,12	0,32
16	0,018	0,65	0,8	0,018	0,09	0,32	0,022	0,12	0,32
18	0,018	0,75	0,8	0,018	0,09	0,32	0,022	0,12	0,32
20	0,018	0,80	0,8	0,020	0,10	0,36	0,022	0,12	0,32
22	0,020	0,80	0,8	0,020	0,10	0,36	0,022	0,12	0,32
24	0,022	0,90	0,9	0,022	0,11	0,40	0,022	0,12	0,32
26	0,024	0,90	1,0	0,022	0,11	0,40	0,022	0,12	0,32
28	0,027	1,00	1,1	0,022	0,11	0,40	0,022	0,12	0,32
30	0,029	1,10	1,2	0,022	0,12	0,42	0,022	0,12	0,32
32	0,031	1,20	1,3	0,023	0,12	0,42	0,022	0,12	0,32

Anleitung zur Benützung der Tabelle

Es soll der durchschnittliche Material- und Zeitaufwand für die Dachkonstruktion des im folgenden Beispiel beschriebenen Hallenbaues ohne Berücksichtigung der Längsverbände und der beiden Windträger ermittelt und derselbe mit den später ermittelten genauen Werten verglichen werden.

1. Materialbedarf:

$\nu = \frac{4{,}7}{5{,}0} = 0{,}94$, daher maßgebende Stützweite . . $\sim 23{,}0$ m

Holz:
- Kantholz für 6 Binder . $6\,(25{,}0 + 2 \,.\, 1{,}35) \,.\, 5{,}0 \,.\, 0{,}021 = 17{,}5$ m³ (16,32 m³)
- „ für Pfetten und Sparren . . . $803{,}3 \,.\, 0{,}021 = 16{,}9$ m³ (14,6 m³)
- Schalbretter . . . . $803{,}3 \,.\, 0{,}022 = 17{,}7$ m³ (16,9 m³)

52,1 m³

Eisen:
- Schrauben, Dübel, Flacheisen für 6 Binder: $6\,(25{,}0 + 2 \,.\, 1{,}35) \,.\, 5{,}0 \,.\, 0{,}85 = 705$ kg (625 kg)
- Nägel und Klammern für Pfetten, Sparren und Schalung . . . . $803{,}3 \,.\, 0{,}22 = 177$ kg (141 kg)

882 kg.

2. Zeitaufwand:

6 Binder . . . . 6 (25,0 + 2 . 1,35) . 5,0 . 0,85 = 706 Z (643,2 Z)
Pfetten, Sparren und Schalung . . . . 803,3 . 0,70 = 562 Z (531,0 Z)

1268 Z.

Beispiele aus der Praxis

1. Hallenbau. Breite zwischen den Säulenmitten gemessen 25,00 m, Länge zwischen den Mitten der beiden Giebelwände gemessen 28,00 m, Dachvorsprung an den beiden Längsseiten 1,35 m, an den beiden Giebelseiten 0,50 m. Eine Giebelseite offen (Endbinder), eine Giebelseite geschlossen. 6 Mansardbinder von 25,00 m Stützweite, 3,5 m theoretischer Höhe, Binderentfernungen einmal zu 4,5 m und fünfmal zu 4,7 m. Lichte Höhe der Halle vom Fußboden bis Binderunterkante 4,90 m. Wände durchwegs ausgemauertes Riegelfachwerk, Binderstützen Doppelsäulen mit Klötzelholzeinlagen.

Ausschreibung der Zimmererarbeiten

Post 1. 803,3 m² Mansarddachkonstruktion (lt. Plan Nr. . . .), berechnet nach den amtl. Bestimmungen für Eigengewicht (einfache Pappeneindeckung), Schnee- und Winddruck, bestehend aus 6 freitragenden Bindern von 25,0 m Stützweite, 4,7 bzw. 4,5 m Binderentfernung, 3,5 m theoretischer Höhe (alles Binderholz scharfkantig), den erforderlichen Pfettensparren (Abstand 1,0 m) und Sparren, ferner aus 2 durchgehenden Vertikalverbänden, den an den beiden Giebelseiten angeordneten wagrechten Windträgern und der $^3/_4$″ starken, scharfkantig besäumten Dachschalung; von Dachsaum zu Dachsaum in der Wagrechten gemessen, ohne Abzug aller Öffnungen, abzubinden, frei Baustelle zu liefern und aufzustellen, an allem Material und Arbeit
für 1 m² . . . . . zusammen . . . . .

Post 2. 12 Stück Binderstützen, als Doppelsäulen (Querschnitt 2 × 22/22 mit Klötzelholzeinlagen) ausgebildet, abzubinden, frei Baustelle zu liefern und aufzustellen, einschl. aller erforderlicher Verankerungseisen für 1 Stück . . . . . zusammen . . . . .

Post 3. 492,1 m² Riegelfachwerk der Längs- und Giebelwände, einmal verriegelt, die Schwellen, Pfosten und Streben aus vollkantigem Kantholz 15/18, die Zwischenriegel aus Kantholz 10/18, sonst wie Post 2
für 1 m² . . . . . zusammen . . . . .

Ermittlung des Material- und Zeitaufwandes
(Grundlage Detailentwurf)

A. Materialaufwand

Post Nr.	Gegenstand	Holz: Kantholz		Holz: Schalbretter		Eisen in kg: Schrauben	Unterlagscheiben	Dübel	Flacheisen, Anker, Bolzen	Klammern, Nägel
		m³	m′	m³	m²					
1	6 Binder	16,32	804	—	—	221	106	167	131	—
	Pfettensparren und Sparren	14,60	925	—	—	—	—	—	—	41
	Vertikalverbände (2 Stück)	1,15	136	—	—	18	11	—	—	—
	1 Windträger mit Gurten	3,30	196	—	—	47	22	31	—	—
	1 Windträger ohne Gurten	1,72	127	—	—	22	9	11	16	—
	Dachschalung $^3/_4$″ .	—	—	16,90	845,0	—	—	—	—	100
		37,09		**16,90**		**308**	**148**	**209**	**147**	**141**
2	12 Binderstützen . .	**7,46**	**142**	—	—	**170**	**26**	**160**	**341**	—
3	2 Längsriegelwände	6,44	280	—	—	—	—	—	—	10
	1 Giebelwand	6,40	177	—	—	16	9	7	20	14
		12,84				**16**	**9**	**7**	**20**	**24**

B. Zeitaufwand[1])

Post Nr.	Gegenstand	Besondere Bemerkungen	Ausmaße	Zeitaufwand: f. d. Einheit Z	zusammen Z
1	6 Binder	Größere Spannweite, einfache Montage, lt. Nr. 153, 155	804 m′	0,6+0,2=0,8	643,2
	Pfettensparren und Sparren	Einfache, glatte Arbeit, eigentlich nur Sparren lt. Nr. 137	925 m′	0,30	277,5
	Vertikalverbände	einfache Arbeit lt. Nr. 158	136 m′	0,20	27,2
	1 Windträger mit Gurten	Mittelwert lt. Nr. 159	196 m′	0,65	210,0
	1 Windträger ohne Gurten	Mittelwert lt. Nr. 159	127 m′	0,65	
	Dachschalung	Glatte Arbeit lt. Nr. 111	845 m²	0,30	253,5
					1411,4

[1]) Die tatsächlich aufgewendete Arbeitszeit war um etwa 6% geringer als die veranschlagte.

Post Nr.	Gegenstand	Besondere Bemerkungen	Ausmaße	Zeitaufwand f. d. Einheit Z	Zeitaufwand zusammen Z
2	12 Binderstützen	lt. Nr. 157	142 m′	0,90	**127,8**
3	2 Längsriegelwände	Querschnitt 15/18 cm einmal verriegelt lt. Nr. 62	280 m′	0,45	126,0
	1 Giebelwand	lt. Nr. 63	177 m′	0,70	123,9
					249,9

2. Mansardbinder von 15,00 m Stützweite, Montagehöhe 4,0 m: Obergurt 2×8/18 cm; Untergurt 2×8/14 cm:

Zeitaufwand { Abbinden . . . . . . 0,41 Z f. d. lfdm
Aufrichten . . . . . 0,47 Z f. d. lfdm

(schwierige Verhältnisse, Montage über einem bestehenden, alten Dach).

3. Mansardbinder mit Mittelstütze, 2 Felder von je 14,28 m Stützweite: Obergurt 2×6/20 cm; Untergurt 2×6/18 cm:

Zeitaufwand { Abbinden . . . . . . 0,40 Z f. d. lfdm
Aufrichten . . . . . 0,224 Z f. d. lfdm.

4. Dreigelenkbinder von 14,78 m Stützweite, satteldachförmig, Firsthöhe 8,70 m: Obergurt und Untergurt 2×7/14 cm.

Zeitaufwand { Abbinden . . . . . . 0,51 Z f. d. lfdm
Aufrichten . . . . . 0,223 Z f. d. lfdm.

5. Dreischiffige Lagerhalle, drei Binderfelder à ~ 16,0 m Stützweite, Binderentfernung 9,0 m, Mittelstützen (Gitterträger) im Grundmauerwerk eingespannt:

Zeitaufwand für Abbinden und Aufrichten . . . 0,75 Z f. d. lfdm.

4. Rautennetzwerkdächer — Das Zollbau-Lamellendach

Eine besondere Art von Dächern stellen die Rautennetzwerktonnen der sogenannten „Zollbauweise“ dar, bei denen lauter gleichartige, maschinell im Sägewerk angefertigte Brettlamellen ohne weitere Bearbeitung an der Baustelle zum Aufbau des Daches verwendet werden.

Diese Dächer gestatten eine vollkommene Ausnützung des Dachraumes, da bei derselben keinerlei konstruktives Balkenwerk erforderlich ist. Ausgeführte Spannweiten bis 35 m.

161 Richtlinien für das Veranschlagen:

Materialbedarf:

a) 1 m² Dachmantelfläche erfordert durchschnittlich $1^1/_2$ Lamellen.

b) Aus 1 m³ Bretter können hergestellt werden:

125 Lamellen 2,5/16 cm lang 2,0 m
90 „ 3,0/18 cm „ 2,0 m
82 „ 3,0/20 cm „ 2,0 m

c) 1 m² Dachmantelfläche erfordert durchschnittlich an Eisen:

$1^1/_2$ Stück Schraubenbolzen 10/160 mm
3 „ Unterlagscheiben 80/35/3,5 mm.

Zeitaufwand:

a) In einer Maschinenstunde (d. i. Arbeitsleistung der Maschine und zwei Arbeiterstunden), je nach Einstellung des Betriebes, gebrauchsfertige Herstellung von 30 bis 50, daher im Mittel von 40 Lamellen.

b) 1 lfdm Giebelbogen und Schwellen zuzurichten:
Zeitaufwand . . . . 1,0 Z.

c) In einer Arbeitsstunde lassen sich 2 bis 3 m^2 Dachmantelfläche aufstellen.

Auf Grund obiger Angaben ergibt sich für 1 m^2 Dachmantelfläche ohne Giebelbogen und Schwellen folgender Material- und Zeitaufwand:

Holz: Lamellen 16 cm breit 0,0120 m^3
18 cm „ 0,0167 m^3
20 cm „ 0,0183 m^3

Eisen: $1^1/_2$ Stück Bolzen 10/160 mm
3 Unterlagscheiben 80/35/3,5 mm.

Zeitaufwand für:
- Herstellen der Lamellen: 0,075 Z, 0,025 Maschinenstunden
- Aufstellen des Daches . . . 0,35 ÷ 0,5 Z.

VI. Verschiedene Arbeiten

Abtrittschläuche. 1 lfdm Abtrittschlauch 30/30 cm aus 2″ starken, rauhen Bohlen samt äußerer und innerer Verpichung anzufertigen und aufzustellen: *162*

Bohlen	1,20 m^2	Pech	1,5 kg
Nägel	25 St. 42/120	Unschlitt	0,3 kg
Zeitaufwand . .	6 Z	Leinöl	0,2 l.

Brunnenrohre. 1 lfdm Kiefernrundholz abzuschälen und auszubohren: *163*

Bis 4 cm Durchmesser . . . . Zeitaufwand 1,0 Z
Für je 1 cm größere Weite . . . . Zeitaufwand 0,3 Z.

164 **Dachbodenabteilungswände.** 1 lfdm Rahmengestell (Gerippe) für Dachbodenabteilungswände (oder für einen Lattenverschlag im Keller) aus 5/8 cm (3×3″) starken Staffelhölzern (Rahmen) anzufertigen und aufzustellen:

Staffel (Rahmen) . . 1,05 m′
Nägel . . . . 3 St. 40/100
Zeitaufwand . . . . 0,25 ÷ 0,3 Z.

165 1 m² Lattenverschlag aus 3/5 cm (24/48 mm) starken, rauhen Latten, mit 3,5 bis 4,0 cm Zwischenräumen (12 Stück Latten auf 1 lfdm Verschlag) herzustellen (ohne Rahmengestell):

Latten . . . . 12,6 m′
Nägel . . . . 25 St. 31/70 (31/65)
Zeitaufwand . . . . 0,35 ÷ 0,40 Z.

166 1 m² Bretterverschlag aus ³/₄″ starken, rauhen Brettern herzustellen (ohne Rahmengestell)

Bretter . . . . 1,07 m²
Nägel . . . . 20 St. 31/65
Zeitaufwand . . . . . 0,50 Z.

167 1 m² Lattentür, bestehend aus einem 15 bis 20 cm breiten Bretterrahmen, Querleisten, Bug und Latten, alles rauh, anzufertigen und einzupassen, ohne Türbeschläge:

Latten- und Bretterverschnitt . . ~ 10 %
Nägel . . . . 30 St. 31/70
Zeitaufwand . . . . 0,7 ÷ 0,9 Z.

168 1 m² Brettertür aus 1″ starken, rauhen Brettern, mit aufgenagelten Querleisten und Bug anzufertigen und einzupassen, ohne Türbeschläge:

Verschnitt . . . . . 15 %
Nägel . . . . 25 St. 31/70
Zeitaufwand . . . . 1,5 ÷ 1,7 Z (bei gefalzten Brettern ~ 2,0 Z).

169 1 m² Dachbodenabteilungswand (Lattenverschlag im Keller), aus 3/5 cm (1×2″) starken, rauhen Latten, herzustellen, einschließlich der erforderlichen Pfosten und Riegel aus 5/8 cm (3×3″) starken Staffelhölzern (Rahmen).

Latten . . . . . 12,6 m′
Staffel . . . . . 2,3 m′
Nägel . . . . . 3 St. 40/100
25 St. 31/70 (31/65)
Zeitaufwand . 1,1 ÷ 1,2 Z.

170 **Dachbodenrinnen.** 1 lfdm Dachbodenrinne 30/30 cm, aus 4 cm starken, rauhen Pfosten für Blechausfütterung, samt 1″ starkem Deckbrett anzufertigen und zu verlegen:

4 cm Bretter . . . . 1,00 m²
1″ Bretter . . . . . 0,33 m²
Nägel . . . . 20 St. 31/80
Zeitaufwand . . . . 3,5 Z.

171 **Dachbodentreppe.** 1 lfdm Dachbodentreppe (über Bundtram) samt Untersatz herzustellen:

Brett- bzw. Pfostenstärke	Material			Zeitaufwand Z
	Kantholz	Schnittholz	Nägel	
3,5 cm	0,5 m′	0,6 m²	15 St. 40/100	0,6
5,0 cm	0,5 m′	0,6 m²	15 St. 42/120	0,8

Dachgesimse (s. Nr. 121÷129). *172*

Dachwasserrinnen. 1 lfdm Dachwasserrinne aus Rundholz ⌀ 18 cm auszuarbeiten und einhängen: *173*

Rundholz . . . . 1,0 m'
Zeitaufwand . . . . 1,5 Z.

1 lfdm Dachwasserrinne auspichen:

Pech . . . . 0,3 kg
Unschlitt . . . . 0,1 kg
Leinöl . . . . 0,1 l
Zeitaufwand . . . . 0,5 Z (H).

Dunstschlauch. 1 lfdm Dunstschlauch 30/30 cm aus 4 cm starken, rauhen Brettern anzufertigen und aufzustellen: *174*

Bretter . . . . 1,20 m²
Nägel . . . . 25 St. 42/120
Zeitaufwand . . . . 3,5 Z.

Karbolineumanstrich. 1 m² Mauerlatten, Fußbodenlager u. dgl. mit Karbolineum zu streichen: *175*

Karbolineum . . . . 0,25 kg
Zeitaufwand . . . . 0,25 H.

1 Stück Balken-, Pfetten- oder Sparrenkopf mit Karbolineum zu streichen:

Karbolineum . . . . 0,06 kg
Zeitaufwand . . . . 0,07 H.

Steigleitern. 1 lfdm Steigleiter mit eichenen Sprossen, ganz gehobelt, anzufertigen: *176*

⌀ 13 cm weiches Rundholz . . . 2,0 m'
⌀ 5 cm eichenes Rundholz . . . 2,0 m'
Zeitaufwand . . . . 3,5 Z.

Teeranstrich. 1 m² Teeranstrich auf Holzflächen anzubringen: *177*

a) Zweimaliger Anstrich:		b) Dreimaliger Anstrich:	
Teer	0,55 kg	Teer	0,80 kg
Unschlitt	0,02 kg	Unschlitt	0,03 kg
Zeitaufwand	0,80 H	Zeitaufwand	1,10 H

Windbretter. 1 lfdm Windbrett, 1″ stark, 25 bis 30 cm breit, anzubringen: *178*

Bretter . . . . 1,05 m'
Nägel . . . . 10 St. 31/70
Zeitaufwand . . . . 0,3 Z.

Zwischenrinnen. 1 lfdm Zwischenrinne anzufertigen und zu legen: *179*

a) aus der Länge nach in die Hälfte zersägtem Rundholz ⌀ 50 cm:

Rundholz . . . . . . 0,5 m'
Zeitaufwand . . . . 5,0 Z.

b) aus 6,5 cm starken Pfosten:

Pfosten . . . . 0,75 m²
Zeitaufwand . . . . 3,5 Z.

VII. Die Treppen

(Nach Kreß)

Einteilung der Treppen nach ihrer Ausführungsart:

1. Eingeschobene (eingeschnittene) oder Leitertreppen mit eingeschobenen, nicht eingestemmten Tritten ohne Stoß-(Setz- oder Futter-)bretter.

2. Gestemmte Treppen mit eingestemmten Tritten und Stoßbrettern.

3. Halbgestemmte Treppen mit eingestemmten Tritten, jedoch ohne Stoßbretter.

4. Aufgesattelte Treppen, bei welchen die Tritte und Stoßbretter nicht in die Wangen eingestemmt sondern eingeschnitten, oder die Tritte und Stoßbretter nur in die Wandwangen eingestemmt, bei den Lichtwangen hingegen ausgeschnitten werden (s. Abb.). Die aufgesattelten Treppen stellen ein Gemisch von gestemmten, halbgestemmten und eingeschnittenen Treppen dar.

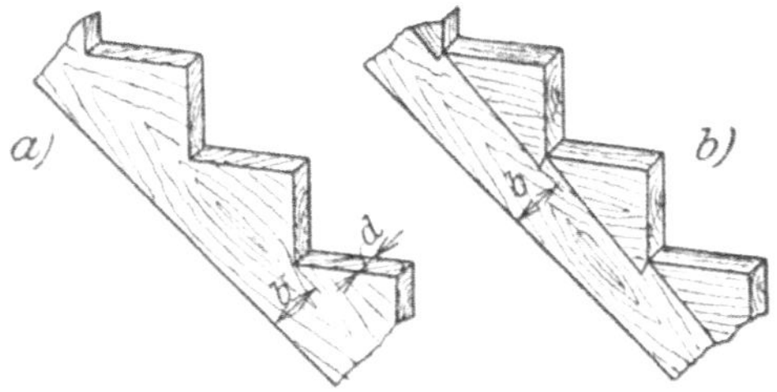

Die oben angeführten vier Treppenarten werden wieder in gerade und gewundene eingeteilt. Bei den geraden Treppen werden Podest-, ein und mehrarmige, bei den gewundenen Treppen ein viertel, ein halb, drei viertel und ganz gewundene unterschieden.

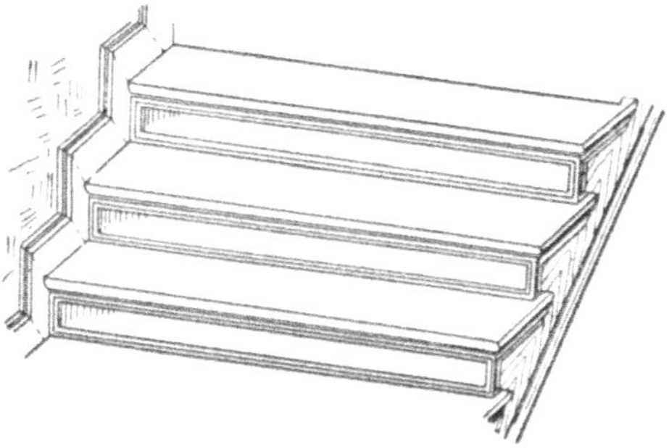

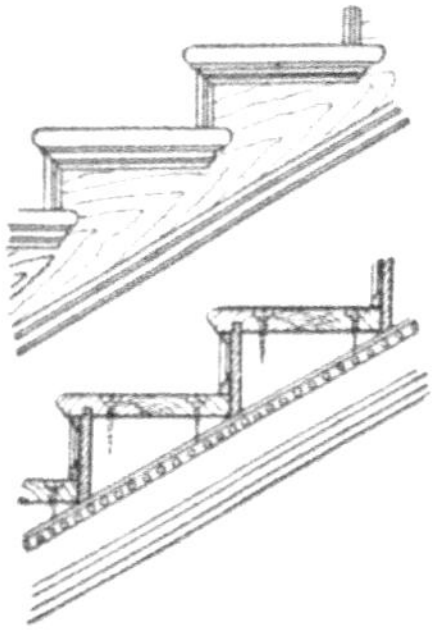

Je nach dem Material, aus dem die Treppen hergestellt sind, unterscheidet man solche aus Weich-, Hart- und Gemischtholz.

Bestandteile einer Treppe:

1. Wangen, Tritte und Stoßbretter,
2. Antritt (Blocktritt) und Austritt,
3. Austritts-, Wende- oder Endpfosten,
4. Treppengeländer,
5. Schrauben, Wangenträger, Tritthaken, Nägel und sonstige Eisenteile bzw. Nebenmaterialien.

Einzelarbeiten bei der Herstellung von Treppen:

1. Maßnehmen (Treppenhauslänge, -breite und -höhe),
2. Aufriß der Grundform der Treppe (nur bei gewundenen oder Treppen mit einzuarbeitenden Podesten),
3. Austragen der Kropfstücke,
4. Zurichten, Austeilen und Schablonieren der Wangen (verleimen und auf die Breite richten),
5. Tritte und Stoßbretter ausschneiden (verleimen und auf die Breite richten),
6. Antritte, Antritts-, Wende- und Austrittspfosten zurichten,

7. Abrichten, Hobeln, Nuten, Profilieren und Verputzen der Tritte, Stoßbretter, Wangen usw.,
8. Austeilen der Wangen, Anziehen und Austeilen der Kropfstücke,
9. Aufsetzen der Tritte und Stoßbretter,
10. Stemmen der Wangen und Kropfstücke (Anziehen und Stemmen der Pfosten),
11. Zusammenbau der Treppe in der Werkstatt,
12. Aufstellen im Neubau.

Die Arbeitszeit für die Beförderung des Materials vom Zimmerplatz an die Baustelle, für das Verwahren der Treppen gegen Beschädigung, Beschmutzung usw. während der Bauzeit, ebenso für das spätere Reinigen (Abziehen, Ölen usw.) ist in den folgenden Zeitangaben nicht enthalten.

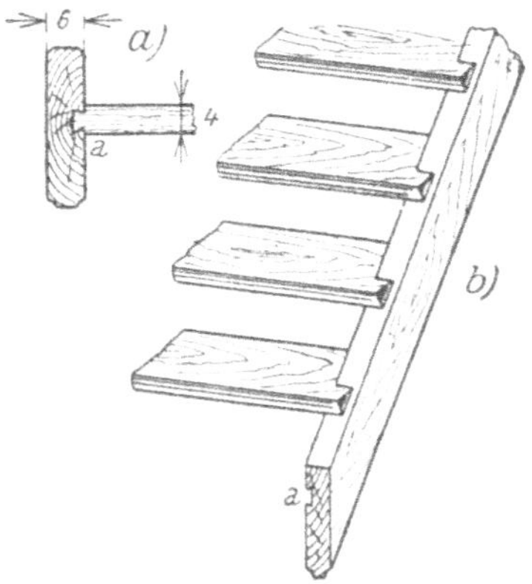

1. Eingeschobene Treppen 180

Richtlinien für die Beschreibung und Ausführung:

Übliche Wangenabmessungen 3/12, 4/15, 4/20, 5/12, 5/15 cm. Trittstärke 3 bis $3^1/_2$ cm; Laufbreite 0,5 bis 1,0 m; Steigungshöhe 0,18 bis 0,25 m; Auftrittsbreite 0,15 bis 0,25 m.

Gewundene eingeschobene Treppen werden in der Regel nicht ausgeführt.

Zeitaufwand für einen Tritt:

Laufbreite	Bearbeitung	Zeitaufwand Weichholz Z	Zeitaufwand Hartholz Z
0,5÷0,8 m	Ungehobelt	0,60÷0,85	0,70÷1,00
	Handgehobelt	0,70÷1,00	0,85÷1,20
	Mit Maschine gehobelt [1]	0,65÷0,75	0,75÷0,85
0,8÷1,0 m	Ungehobelt	0,70÷0,95	0,75÷1,10
	Handgehobelt	0,95÷1,10	1,00÷1,25
	Mit Maschine gehobelt [1]	0,75÷0,85	0,75÷0,95

Schnittverlust durchschnittlich 8÷10 %

2. Gestemmte Treppen

Richtlinien für die Beschreibung und Ausführung:

Stärke der Lichtwangen 7 cm (aus 76 bis 80 mm), Stärke der Wandwangen $5^1/_2$ cm (aus 58 bis 60 mm), Breite der Licht- und Wandwangen 28 bis 30 cm (bei gewundenen Treppen bzw. Wangen verglichen gemessen), Stärke der Tritte 48 mm (aus 50 mm), Stärke der Stoßbretter 20 mm (aus 22 bis 24 mm), Trittvorsprung 4 bis $4^1/_2$ cm, Stoßbrettnut bzw. Federbreite 10 mm, Tiefe 12 mm. (Die eingeklammerten Maße bedeuten die Holzstärken, die ohne Klammern angegebenen die fertigen Maße nach dem Hobeln.)

[1]) Der Zeitaufwand für die Maschinenbedienung ist in den Zeitangaben inbegriffen.

Die Tritte und Stoßbretter werden $2^1/_2$ cm tief eingelocht. Die Tritt- und Stoßbrettbreite und -länge richten sich jeweils nach der Stockhöhe, Treppenhauslänge (Grundmaß) und Treppenlaufbreite. In der Beschreibung muß stets besonders bemerkt werden, ob die Treppenuntersicht verputzt werden oder sichtbar bleiben soll. Häufig werden natürlich auch andere Holzstärken vorgeschrieben, z. B. bei staatlichen Gebäuden Lichtwangen von 8 cm, Wandwangen von 7 cm, Tritte von 6 cm und Stoßbretter von $2^1/_2$ bis 3 cm; anderseits werden heute auch vielfach Wangen von 4 bis 6 cm und Tritte von $3^1/_2$ bis 4 cm Stärke verwendet.

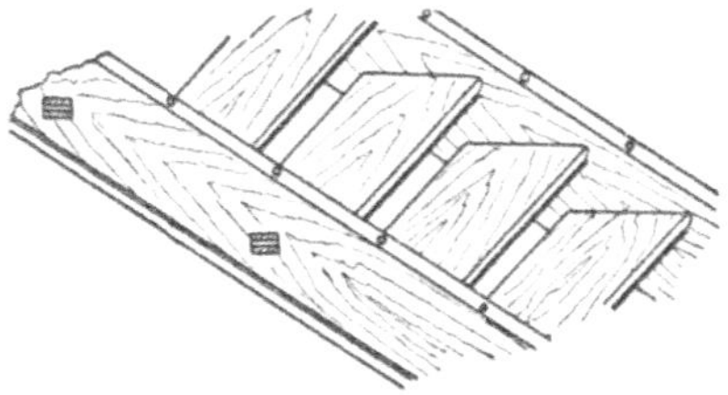

Der Austritt (letzter Tritt) wird, obwohl er nur 18 bis 23 cm breit ist, stets als ganzer Tritt (Steigung) berechnet. Der Antrittspfosten zählt zum Geländer, dagegen der Austrittspfosten in der Regel zur Treppe, weil derselbe ja mit der Treppe verbunden ist.

Als normal gilt eine Treppe, wenn ihr Auftritt 28 bis 30 cm und ihre Steigung 16 bis 18 cm besitzt; oder: zwei Steigungen und ein Auftritt sollen zusammen 0,60 bis 0,62 m ergeben. Unter oder über dieses Normalmaß hinausgehende Treppen erfordern mehr oder weniger Material- und Zeitaufwand.

Gerade Stocktreppen: Wangen 5/30 bis 8/30 cm; Trittstärke 4/32 bis 5/33 cm; Stoßbretter 20 bis 25 mm stark, 18 bis 24 cm breit: Laufbreite 0,85 bis 1,10 m; einschließlich Anziehen des An- und Austrittspfostens; ohne Blockantritt; Treppenuntersicht gehobelt. Das Hobeln, Abrichten, Nuten und Fräsen der Wangen, Tritte, Stoßbretter und Pfosten erfolgt mittels Maschinen.

Erforderliches Eisenmaterial;

Für 1 Tritt 4 bis 5 Stück Nägel, 80 bis 90 mm lang,
2 lange Treppenschrauben,
2 Kopfschrauben zum Anziehen des An- und Austrittspfostens.

Verschiedene Treppen

	Art der Treppe w. = weich; h. = hart		Schnittverlust in %	Zeitaufwand für 1 Tritt			
				Weichholz		Hartholz	
				Handarbeitszeit Z	Maschinenzeit Minuten	Handarbeitszeit Z	Maschinenzeit Minuten
181	Gerade Stocktreppe	w.	12÷15	4,5	7÷9	6,2	9÷10
		h.	15÷18				
182	Ein viertelgewundene Treppe	w.	16÷20	6÷7	10÷12	6,5÷8	12÷15
		h.	18÷22				
183	Podesttreppe mit Kropfstück	w.	16÷22	6÷7	10÷12	7÷8	12÷14
		h.	18÷24				
184	Halbgewundene Treppe	w.	24÷27	7÷8,5	12÷15	9,5÷10,5	15÷18
		h.	25÷30				
185	Verschieden gewundene Treppe	w.	25÷30	10÷13	15÷20	10÷16	15÷20
		h.	25÷35				

Anmerkung: Der schärfer angegebene Zeitaufwand bei der geraden Stocktreppe gilt für eine Ausführung mit 12 Tritten; bei mehr als 12 Tritten tritt von 12 Tritt aufwärts eine Zeitersparnis von 5 bis 10 Minuten ein; von 30 Tritten aufwärts kann eine weitere Zeitermäßigung nicht mehr erzielt werden.

Wird die Treppe unten verputzt, so ermäßigt sich die Arbeitszeit um mindestens 10 Minuten für 1 Tritt.

3. Halbgestemmte Treppen

Häufige Verwendung bei Kellertreppen. Ausführung gerade und gewunden: *186*
Schnittverlust bei geraden Treppen . . . . 10 bis 12%
Schnittverlust bei gewundenen Treppen . . . . 15 bis 18%
Zeitaufwand 30 bis 35% geringer als bei ganz gestemmten Treppen.

Treppengeländer

Arten der Geländer:

Gerade Geländer: Zu gewöhnlichen gestemmten, geraden Stocktreppen, die unten einen Antritts- und oben einen Austrittspfosten besitzen. Zu den geraden Geländern sind auch die zu Podesttreppen ohne oder mit Übergangskrümmlingen zu zählen.

Krumme Geländer: Zu ein viertel oder mehr gewundenen Treppen, die an Stelle eines Kropfstückes einen Wendepfosten besitzen.

Gewundene Geländer: Zu gewundenen Treppen mit Kropfstücken.

Für eine überschlägige Berechnung kann man annehmen, daß auf den lfdm Geländer (Neigungslänge) ebensoviel Arbeitszeit kommt, als auf einen Tritt der betreffenden Treppe, zu welcher das Geländer gehört, eine Annahme, die allerdings nur für den Fall gilt, daß das Geländer nicht eine besonders reiche Profilierung und sonstige Ausstattung erhält.

Beispiele:

1 lfdm gerades Geländer zu einer gewöhnlichen, geraden Treppe mit gewöhnlichem Griffprofil und glatten (vom Dreher gelieferten) Staketen anzufertigen und anzubringen einschließlich Polieren des Handgriffes: *187*
Zeitaufwand . . . . . 3÷3,5 Z.

1 lfdm gerades Geländer mit einem gewöhnlichen Plattengriffprofil zu einer Podesttreppe mit runden (vom Dreher poliert gelieferten) Staketen, sonst wie vor: Zeitaufwand . . . . . 5÷5,5 Z. *187 a*

1 lfdm krummes Geländer, sonst wie Nr. 187a: *188*

a) Viertelgewundene Treppe ohne Krümmlinge:
Zeitaufwand . . . . . 3,5÷4 Z.

b) Viertelgewundene Treppe mit Krümmlingen:
Zeitaufwand . . . . . 4,5÷5 Z.

1 lfdm gewundenes Geländer zu einer halbgewundenen Treppe, sonst wie Nr. 187: Zeitaufwand . . . . . 6,5÷7,5 Z. *189*

Anmerkung: Die Arbeitszeit für das Zurichten der Geländergriffe, der Hölzer für die Krümmlinge auf den Maschinen, ebenso die Zeit für das Polieren der Handgriffe samt den zum Polieren erforderlichen Vorarbeiten ist in dem angegebenen Zeitaufwand inbegriffen. Nicht inbegriffen ist hingegen die Arbeitszeit für das Profilieren und Anbringen des Antrittpfostens.

VIII. Gründungsarbeiten

Nr.		Zeitaufwand Z	Zeitaufwand H
	1. Pfähle		
190	1 Pfahl vom Durchmesser d cm zuspitzen: weiches Holz	$0{,}0008\,d^2$	
	hartes Holz	$0{,}0016\,d^2$	
191	1 Pfahl anschuhen: weiches Holz	0,010 d	
	hartes Holz	0,013 d	
192	1 Pfahl den Ring anlegen: weiches Holz	0,008 d	
	hartes Holz	0,011 d	
193	1 Zaunpfahl von 8 bis 12 cm Durchmesser und 1,5 bis 2,0 m Länge mit dem Schlegel in den Boden einzutreiben, bei 50 bis 80 cm Eindringungstiefe	0,2÷0,5	
194	1 lfdm Pfahl von 15 bis 20 cm Durchmesser mit der Handramme in gewöhnlichen Boden einzurammen, einschließlich aller Nebenarbeiten, für 1 m′ eingerammte Länge	2÷3	
195	1 lfdm Pfahl über 20 cm Durchmesser (mittels Kunstramme) einzurammen, einschließlich Aufstellen und Abtragen des Schlagwerkes sowie des Rammgerüstes, Verzinsung und Abschreibung der Anschaffungskosten, Aufsicht und Beihilfe während des Einrammens, für 1 m′ eingerammte Länge:		
	a) Triebsand		0,47 d
	b) Sand und weicher Boden		0,63 d
	c) Lehm- und Tonboden		0,78 d
	d) Kies- oder steiniger Boden		0,94 d

Bodenart	Zeitaufwand H für 1 m′ eingerammte Länge bei: Pfahllänge < 7 m, Einrammungstiefe < 2 m	Pfahllänge < 7 m, Einrammungstiefe > 2 m	Pfahllänge 7÷10 m	Pfahllänge > 10 m	schiefer Einrammung, Abweichung ¼÷⅙ vom Lot
I leicht	0,25 d	0,44 d	+ 25%	+ 75%	Zuschlag 10÷15%
II mittel	0,38 d	0,66 d			
III fest	0,56 d	1,04 d			

Nr.		Zeitaufwand Z	Zeitaufwand H
196	1 Pfahl über Wasser abzuschneiden: weiches Holz	$0{,}0016\,d^2$	
	hartes Holz	$0{,}0022\,d^2$	
197	1 Pfahl unter Wasser abzuschneiden: a) bei 0,75 m Tiefe weiches Holz	$0{,}0032\,d^2$	
	hartes Holz	$0{,}0044\,d^2$	
	b) bei 1,50 m Tiefe weiches Holz	$0{,}0048\,d^2$	
	hartes Holz	$0{,}0066\,d^2$	

	Zeitaufwand Z	H	
1 Zapfen am Pfahlkopf anzuschneiden:			*198*
weiches Holz	0,0012 d^2		
hartes Holz	0,0017 d^2		
1 Zapfenloch in der Rostschwelle auszustemmen: weiches Holz	0,30		*198a*
hartes Holz	0,45		
1 lfdm bearbeitete Rostschwelle auf die Pfähle eines Pfahlrostes aufzubringen und zu befestigen	0,40		*199*
2. Schwellrost			
1 lfdm Schwellen für die Herstellung eines Schwellrostes in die Baugrube einzubringen und die erforderlichen Verkämmungen herzustellen:			*200*
weiches Holz	1,20		
hartes Holz	1,60		
1 m^2 Bohlenbelag bei einem Schwellrost herzustellen	2,00		*201*

IX. Schalungsarbeiten für Eisenbetonbauten

Vorbemerkung: a) Material: Rauhe oder einseitig gehobelte Bretter, für Deckenschalung 25 bis 45 mm, für Säulenschalung 30 bis 35 mm, für hohe Träger und für den Trägerboden 35 bis 45 mm stark. Als Unterbau Kanthölzer 10/10 bis 12/12 cm oder hochkantig gestellte Bretter, die durch Rund- oder Kantholzsprießen von etwa 10 cm Durchmesser (Zopfstärke nicht unter 7 cm) bzw. 10/10 bis 12/12 cm Stärke unterstützt werden. Der Holzbedarf für Schalungen beträgt bei Decken etwa das 3,5fache, bei Unterzügen und Säulen etwa das zweifache des Rauminhaltes der Schalbretter.

b) Ausmaß: Die Deckenschalung wird meist ohne Rücksicht auf die Unterzüge durchgemessen. Bei der Trägerschalung wird der sichtbare Umfang abgewickelt und mit der Trägerlänge vervielfältigt.

c) Verschleiß: Verwendung der Schalbretter bei ebener Deckenschalung drei- bis viermal, bei gewölbter Schalung fünf- bis achtmal, bei Wänden vier- bis sechsmal; Verwendung der Kanthölzer höchstens fünfmal, der Rundhölzer höchstens zehnmal.

Schnittverlust bei Deckenschalung etwa 20%.

A. Deckenschalung

1 m^2 gerade, glatte Deckenschalung frei Baustelle anzuliefern, zuzurichten, aufzustellen, wieder auszuschalen und bis etwa 30 m von der Baustelle wegzuschaffen: *202*

Erforderliches Material:

1,2 m² Bretter 1″ stark	. . . . . .	0,030 m³
3,5 m′ Steifen 10/10 cm	. . . . . .	0,035 „
1,05 m′ Holm 10/12 cm	. . . . . .	0,013 „
zusammen	. . . . .	0,078 m³ = ~ 0,08 m³.
Zeitaufwand	. . . .	**2,5÷2,8 Z**
Höhenzuschlag für 1 Geschoß	. .	0,1÷0,2 Z.

203 1 m² Deckenschalung, wie vor, jedoch mit Vouten auf zwei Seiten:
Zeitaufwand . . . . . . 2,8÷3,0 Z.

204 1 m² Deckenschalung, wie vor, jedoch mit allseitigen Vouten:
Zeitaufwand . . . . . . 3,0÷4,0 Z.

205 1 m² Deckenschalung, bereits gebraucht, an derselben Baustelle ohne Abänderung wieder aufzustellen und zu entfernen:
Zeitaufwand . . . . . . ~ 1,0 Z.

206 1 m² wagrechte Deckenschalung an vorhandenen Eisenträgern anzubringen, vorzuhalten und wieder zu entfernen:

Zeitaufwand	bis zu einer Spannweite von 2,0 m	0,6 Z
	„ „ „ „ „ 3,0 m	0,9 Z
	„ „ „ „ „ 4,0 m	1,2 Z.

207 1 m² Schalbretter von festklebendem Mörtel zu reinigen und die Nägel auszuziehen:
Zeitaufwand . . . . . . 0,04 H.

B. Wandschalung

208 1 m² Wandschalung herzustellen, sonst wie Nr. 202:
Zeitaufwand . . . . . . 2,0÷2,5 Z.

209 1 m² Monierwände einzuschalen, sonst wie Nr. 202:
Zeitaufwand . . . . . . 2,5÷2,8 Z.

210 1 m² Wände auszuschalen:
Zeitaufwand . . . . . . 0,8÷1,0 Z.

C. Trägerschalung

Erforderliches Material für 1 m² abgewickelte Trägerfläche:

1,0 m² Schalbretter etwa 5 cm stark	. . . . .	0,050 m³
0,5 m′ Holm etwa 10/12 cm stark	. . . .	0,006 „
3,0 m′ Stütze ⌀ 12 cm	. . . .	0,030 „
2 × 4,0 = 8,0 m′ Versteifungshölzer 8/10 cm	. . . .	0,060 „
zusammen	. . . . .	0,146 m³ = ~ 0,15 m³.

211 1 lfdm Trägerschalung aus neuem Holz, frei Baustelle anzuliefern, zuzurichten, aufzustellen, wieder auszuschalen und bis etwa 30 m von der Baustelle wegzuschaffen, einschließlich Herstellen zweier Anschlüsse für Nebenträger:

Trägerlänge	bis 3,0 m	3,0÷4,5 m	4,5÷6,0 m
Umfang . . . . m	0,5	0,5	0,5
Zeitaufwand . . . . Z	1,5	1,3	1,15
Zuschlag für je 0,25 m Mehrumfang Z	0,18	0,15	0,12

Beispiel: Trägerhöhe 0,60 m, Trägerbreite 0,25 m, Trägerlänge 4,0 m:
Abgewickelter Umfang . . . . . . $2 \times 0{,}6 + 0{,}25 = 1{,}45$ m
Zeitaufwand bei 0,5 m Umfang . . . . 1,30 Z
Zeitzuschlag für $(1{,}45 - 0{,}50) = 0{,}95\ \text{m} = \sim 4 \cdot 0{,}25$ m
Mehrumfang . . . . $4 \cdot 0{,}15$ Z = 0,60 Z
gesamter Zeitaufwand . . . . . 1,90 Z.

1 lfdm alte, schon verwendete Trägerschalung zur Wiederverwendung umzuarbeiten d. h. die Schalung auseinanderzunehmen, zuzurichten, aufzustellen und wieder auszuschalen: 212

Trägerlänge	bis 3,0 m	3,0÷4,5 m	4,5÷6,0 m
Umfang . . . . m	0,5	0,5	0,5
Zeitaufwand . . . . Z	1,9	1,6	1,3
Zuschlag für je 0,25 m Mehrumfang Z	0,2	0,17	0,15

1 lfdm Trägerschalung ohne dieselbe abzuändern wieder aufzustellen und auszuschalen: 213

Trägerlänge	bis 3,0 m	3,0÷4,5 m	4,5÷0,6 m
Umfang . . . . m	0,5	0,5	0,5
Zeitaufwand . . . . Z	1,3	1,2	0,95
Zuschlag für je 0,25 m Mehrumfang Z	0,15	0,11	0,11

D. Säulenschalung

1 lfdm Säulenschalung aus neuen etwa 3 cm starken Brettern frei Baustelle zu liefern, zuzurichten, aufzustellen, wieder auszuschalen und bis etwa 30 m von der Baustelle wegzuschaffen: 214

Säulenhöhe	bis 2,0 m	2,0÷4,0 m	4,0÷6,0 m
Umfang . . . . m	0,8	0,8	0,8
Zeitaufwand . . . . Z	3,4	2,4	2,2
Zuschlag für je 0,20 m Mehrumfang Z	0,17	0,12	0,10

1 lfdm alte, schon verwendete Säulenschalung zur Wiederverwendung umzuarbeiten, d. h. die Schalung auseinanderzunehmen, zuzurichten, aufzustellen und wieder auszuschalen: 215

Säulenhöhe	bis 2,0 m	2,0÷4,0 m	4,0÷6,0 m
Umfang . . . . m	0,8	0,8	0,8
Zeitaufwand . . . . Z	3,8	2,7	2,4
Zuschlag für je 0,20 m Mehrumfang Z	0,15	0,11	0,10

1 lfdm Säulenschalung, ohne dieselbe abzuändern, wieder aufzustellen und auszuschalen: 216

Säulenhöhe	bis 2,0 m	2,0÷4,0 m	4,0÷6,0 m
Umfang . . . . m	0,8	0,8	0,8
Zeitaufwand . . . . Z	2,8	1,8	1,8
Zuschlag für je 0,20 m Mehrumfang Z	0,16	0,13	0,10

217 1 m² Säulenschalung herzustellen, sonst wie Nr. 214:
a) rechteckiger Querschnitt . . . . Zeitaufwand 3,0÷4,0 Z
b) vieleckiger Querschnitt . . . . . „ 5,0÷8,0 Z
c) runder Querschnitt. . . . . „ 11,0÷14,0 Z.

X. Abtragungsarbeiten

Vorbemerkung: Bei sämtlichen Abtragungsarbeiten ist angenommen, daß die abzutragenden Materialien auf etwa 50 m von der Baustelle befördert, daselbst gelagert, (entnagelt) und gestapelt werden.

Etwa erforderliche umfangreiche Pölzungen und Gerüstherstellungen sind besonders zu veranschlagen, während die Herstellung einfacher Pölzungen und Arbeitsgerüste in den durchschnittlich angenommenen Zeitaufwand einbezogen wurden.

218 **Balken.** 1 lfdm Deckenbalken, Riegel, Säulen u. dgl. aus ihrer Verbindung zu nehmen, Nägel und Klammern auszuziehen, das Material herabzulassen, auf etwa 50 m von der Baustelle zu befördern, daselbst zu lagern und zu schlichten, ohne Stockwerksunterschied:

Querschnitt in cm²		bis 250	250÷400	400÷600	600÷900	900÷1300	1300÷1800
Zeitaufwand	Z	0,10	0,15	0,20	0,25	0,30	0,35
	H	0,10	0,15	0,20	0,25	0,30	0,35

219 **Bretter- und Pfostenschalung.** 1 m² Bretter- oder Pfostenschalung mit bzw. ohne Riegelwand abzutragen, sonst wie vor:

		Bretterschalung bis 45 mm		Pfostenschalung über 45 mm	
		mit Riegelwand	ohne Riegelwand	mit Riegelwand	ohne Riegelwand
Zeitaufwand	Z	0,40	0,25	0,50	0,35
	H	0,60	0,40	0,80	0,60

220 **Bundwandgehölz.** 1 m³ Bundwandgehölz abzutragen, sonst wie vor:
a) Ebenerdige Gebäude: Zeitaufwand { 2,5 Z; 2,5 H

b) Mehrgeschossige Gebäude: Zeitaufwand: Für jedes höhere Geschoß ein Zuschlag von 1,0 H f. d. m³.

221 **Dacheindeckung mit Schindeln.** 1 m² Schindeleindeckung abzutragen, ohne bzw. mit gleichzeitiger Lattenabtragung, sonst wie vor:

		Deckungsart			Zuschlag für Lattenabtragung
		einfach	1½fach	doppelt	
Zeitaufwand	Z	0,15	0,20	0,25	0,10
	H	0,10	0,15	0,20	0,20

222 **Dacheinlattung.** 1 m² Dacheinlattung bei Ziegel- oder Schieferdächern abzutragen, sonst wie vor:

Zeitaufwand { 0,15 Z; 0,20 H.

223 **Dachgehölz,** s. Bundwandgehölz.

224 **Dachkonstruktionen.** 1 m² Dachstuhl samt Einlattung oder Bretterschalung abzutragen, die Schraubenverbindungen zu lösen, die Nägel auszuziehen, das

Material herabzulassen usw., gemessen in der Grundfläche, wobei der Berechnung die Länge am First und die Breite von Saum zu Saum zugrunde gelegt wird:

	Leerdächer (ohne Stuhl) und Dächer geringer Spannweite	Stehende und liegende Dachstühle	Stockwerkszuschlag
	bei ebenerdigen Gebäuden		
Zeitaufwand Z	1,0	1,4	5 %
Zeitaufwand H	1,2	2,0	5 %

Dachschalung. 1 m² Dachschalung abzutragen, die Nägel auszuziehen, usw., ohne Stockwerksunterschied: 225

Zeitaufwand { 0,15 Z / 0,20 H.

Decken. 1 m² Deckenkonstruktion abzutragen, die Nägel auszuziehen usw., ohne Stockwerksunterschied: 226

	Dübeldecken	Balkendecken samt Sturz- und Rohrdeckenschalung
Zeitaufwand Z	0,8	1,0
Zeitaufwand H	1,1	1,5

Fußböden. 1 m² Bretter- oder Pfostenfußboden mit oder ohne Fußbodenlager abzutragen, sonst wie vor: 227

	Bretterfußboden bis 45 mm		Pfostenfußboden über 45 mm	
	mit Fußbodenlager	ohne Fußbodenlager	mit Fußbodenlager	ohne Fußbodenlager
Zeitaufwand Z	0,40	0,25	0,50	0,35
Zeitaufwand H	0,60	0,40	0,80	0,60

Lattenzäune. 1 m² Lattenzaun oder Staketierung abzutragen, sonst wie vor: 228

Zeitaufwand { 0,10 Z / 0,15 H.

Pfostenschalung, s. Bretterschalung. 229

Rohrdecken-(Stukkatur-)Schalung. 1 m² Rohrdeckenschalung aufzureißen, die Nägel auszuziehen usw., ohne Stockwerksunterschied: 230

Zeitaufwand { 0,15 Z / 0,25 H.

Schindeleindeckung, s. Dacheindeckung mit Schindeln. 231

Wandschalung, s. Bretterschalung. 232

Anhang

233 I. Zeitaufwand für das Verladen und Stapeln von Holz

Inhalt eines 10-t-Waggons					Zeitaufwand für				
Gegenstand	Art der Bearbeitung	Querschnitt bzw. Stärke	Stücklänge	Menge	Aufladen aus dem Waggon auf Fuhrwerk	Abladen (auf dem Zimmerplatz (Lager))	Abladen, Stapeln u. Aufladen (auf dem Zimmerplatz (Lager))	Aufladen a. dem Zimmerpl. u. Abladen a. d. Baust.	Abladen an der Baustelle
			m		H	H	H	H	H
	baumwalzig	—	—	19,0 m³					
Kantholz	voll- oder scharfkantig	—	—	18,0 m³	12	8	—	14	—
	Eiche, splintfrei	—	—	12,0 m³					
Schalbretter	rauh, besäumt	1/2"	4÷6	1 500 m²	15	—	—	15	—
		3/4"		1 100 m²	12	—	—	12	—
		1"		750 m²	12	—	30	—	12
Schwarten	—	—	—	900 m²	12	—	—	12	—
Hobeldielen	—	(aus 7/8") 21÷22 mm	4÷6	950 m²	15	—	45	—	15
	—	(aus 1") 23÷24 mm		900 m²	15	—	45	—	15
	—	(aus 9/8") 26÷27 mm		750 m²	12	—	36	—	12
	—	(aus 5/4") 28÷29 mm		690 m²	12	—	36	—	12
Dielen	—	2"	—	375 m²	12	—	30	—	12
Rahmen (Staffel)	—	3×3" (8/8 cm)	—	3 690 m'	12	—	30	—	12
	—	3×4" (8/10 cm)	—	2 880 m'	11	—	28	—	11
Latten ab Lager	—	1×2"	4÷6	5 000 m'	—	—	10	—	4
	—	5/4×2"		4 200 m'	—	—	8	—	3
Latten Kürzungsware	—	24/48 mm	—	16 000 m'	12	—	30	—	12
	—	24/24 mm	—	32 000 m'					
Fußleisten	—	14/100 mm	4÷6	13 000 m'	15	—	45	—	15
	—	14/125 mm		10 500 m'	14	—	42	—	14
	—	17/125 mm		8 600 m'	13	—	39	—	13
	—	21/125 mm		7 000 m'	12	—	36	—	12
Baculagewebe	—	—	—	6 000 m²	8	—	20	—	6

II. Angebot für die Zimmererarbeiten bei einem Hallenbau

(Material- und Zeitaufwand nach Beispiel Seite 62).

A. Preisgrundlagen

1 m^3 vollkantiges bis scharfkantiges Bauholz, waggonverladen ab Lieferstation		62,00
1 m^3 3/4″ Schalbretter desgl.		50,00
1 10-t-Waggon, enthaltend 18 m^3 Kantholz bzw. 22 m^3 Bretter, Fracht einschließlich Stempel usw.		89,50
1 zweispänniges Fuhrwerk von der Bahnstation zur Baustelle für $^1/_2$ Tag		25,00
1 kg Schrauben samt Unterlagscheiben	frei Baustelle	1,20
1 kg Dübeleinlagen	„ „	1,00
1 kg Flacheisen	„ „	0,80
1 kg Nägel oder Klammern	„ „	0,70
1 Zimmerer (Stundenlohn)		1,50
1 Hilfsarbeiter (Stundenlohn)		1,10

B. Materialkosten frei Baustelle

(ohne Unkosten)

	Preis	
	Material	Lohn
a) 1 m^3 Kantholz:		
18 m^3 Kantholz ab Lieferstation à 62,00	1116,00	
Fracht einschließlich Stempel usw.	89,50	
Fuhrlohn	25,00	
Aufladen aus dem Waggon auf das Fuhrwerk und Abladen an der Baustelle (lt. Nr. 233) 20 H à 1,10		22,00
Zusammen . . .	1230,50	22,00
Einheitspreis für 1 m^3: $\frac{1230{,}50}{18{,}00} + \frac{22{,}00}{18{,}00}$	68,40	1,22
b) 1 m^3 Bretter:		
1100 m^2 = 22 m^3 $^3/_4$″ Bretter ab Lieferstation à 50,00 für 1 m^3	1100,00	
Fracht einschließlich Stempel usw.	89,50	
Fuhrlohn	25,00	
Aufladen aus dem Waggon auf das Fuhrwerk, Abladen und Stapeln an der Baustelle (laut Nr. 233) 30 H à 1,10		33,00
Zusammen . . .	1214,50	33,00
Einheitspreis für 1 m^3: $\frac{1214{,}50}{22{,}00} + \frac{33{,}00}{22{,}00}$	55,21	1,50

C. Preisermittlung

Die Materialunkosten seien mit 3%, die Lohnunkosten mit 24% angenommen. Als Verdienst soll ein Zuschlag von 5% auf die Materialkosten und von 10% auf die Löhne berechnet werden:

	Einheitspreis		Preis		Angebotpreis
	Material	Lohn	Material	Lohn	
Post Nr. 1:					
803,3 m² Mansarddachkonstruktion: . .	—	—	—	—	
37,09 m³ Kantholz, frei Baustelle	68,40	1,22	2536,96	45,25	
16,90 m³ Schalbretter, frei Baustelle . .	55,21	1,50	933,05	25,35	
456 kg Schrauben samt Unterlagscheiben	1,20		547,20		
209 kg Dübeleinlagen	1,00		209,00		
147 kg Flacheisen	0,80		117,60		
141 kg Nägel und Klammern	0,70		98,70		
1412 Zimmererstunden		1,50		2118,00	
			4442,51	2188,60	
3% Unkosten auf das Material			133,28		
24% Unkosten auf die Löhne				525,27	
Selbstkosten ohne Warenumsatzsteuer			4575,79	2713,87	
5% Verdienstzuschlag auf die reinen Materialkosten			222,13		
10% Verdienstzuschlag auf die reinen Löhne				271,39	
Angebotpreis ohne Warenumsatzsteuer			4797,92	2985,26	7783,18
2,04% Warenumsatzsteuer			97,88	60,90	
Angebotpreis einschließlich Warenumsatzsteuer			**4895,80**	**3046,16**	**7941,96**
Angebotpreis für 1 m² Grundfläche: $\frac{4895,80}{803,30} + \frac{3046,16}{803,30}$	**6,10**	3,80			9,90
Post Nr. 2:					
12 Stück Binderstützen:	—	—	—	—	
7,46 m³ Kantholz, frei Baustelle	68,40	1,22	510,27	9,10	
196 kg Schrauben samt Unterlagscheiben	1,20		235,20		
160 kg Flacheisendübel	1,00		160,00		
341 kg Flacheisen	0,80		272,80		
128 Zimmererstunden		1,50		192,00	
			1178,27	201,10	
3% Unkosten + 5% Verdienstzuschlag auf das Material			94,26		
24% Unkosten + 10% Verdienstzuschlag auf die Löhne				68,38	
Angebotpreis ohne Warenumsatzsteuer			1272,53	269,48	1542,01
2,04% Warenumsatzsteuer			25,96	5,50	
Angebotpreis einschließlich Warenumsatzsteuer			**1298,49**	**274,98**	**1573,47**
Angebotpreis für 1 Binderstütze	**108,20**	**22,90**			**131,10**

Post Nr. 3:	Einheitspreis Material	Einheitspreis Lohn	Preis Material	Preis Lohn	Angebotpreis
492,1 m² Riegelfachwerk:	—	—	—	—	
12,84 m³ Kantholz frei Baustelle	68,40	1,22	878,26	15,66	
25 kg Schrauben samt Unterlagscheiben	1,20		30,00		
7 kg Dübel	1,00		7,00		
20 kg Flacheisen	0,80		16,00		
24 kg Klammern	0,70		16,80		
250 Zimmererstunden		1,50		375,00	
			948,06	390,66	
3 % Unkosten + 5 % Verdienstzuschlag auf das Material			75,84		
24 % Unkosten + 10 % Verdienstzuschlag auf die Löhne				132,82	
Anbotpreis ohne Warenumsatzsteuer			1023,90	523,48	1547,38
2,04 % Warenumsatzsteuer			20,89	10,68	
Anbotpreis einschließlich Warenumsatzsteuer			**1044,79**	**534,16**	**1578,95**
Anbotpreis für 1 m² Riegelfachwerk: $\frac{1044,79}{492,10} + \frac{534,16}{492,10}$	**2,13**	**1,08**			**3,21**

III. Tabelle für die Ermittlung des Rauminhaltes von Kantholz

Querschnitt b×h			Länge in m								
cm		cm²	1,0	2,0	3,0	4,0	5,0	6,0	7,0	8,0	9,0
8	8	64	0,0064	0,0128	0,0192	0,0256	0,0320	0,0384	0,0448	0,0512	0,0576
	10	80	0,0080	0,0160	0,0240	0,0320	0,0400	0,0480	0,0560	0,0640	0,0720
	12	96	0,0096	0,0192	0,0288	0,0384	0,0480	0,0576	0,0672	0,0768	0,0864
	14	112	0,0112	0,0224	0,0336	0,0448	0,0560	0,0672	0,0784	0,0896	0,0108
	16	128	0,0128	0,0256	0,0384	0,0512	0,0640	0,0678	0,0896	0,1024	0,1152
	18	144	0,0144	0,0288	0,0432	0,0576	0,0720	0,0864	0,1008	0,1152	0,1296
10	10	100	0,0100	0,0200	0,0300	0,0400	0,0500	0,0600	0,0700	0,0800	0,0900
	12	120	0,0120	0,0240	0,0360	0,0480	0,0600	0,0720	0,0840	0,0960	0,1080
	14	140	0,0140	0,0280	0,0420	0,0560	0,0700	0,0840	0,0980	0,1120	0,1260
	16	160	0,0160	0,0320	0,0480	0,0640	0,0800	0,0960	0,1120	0,1250	0,1440
	18	180	0,0180	0,0360	0,0540	0,0720	0,0900	0,1080	0,1260	0,1440	0,1620
	20	200	0,0200	0,0400	0,0600	0,0800	0,1000	0,1200	0,1400	0,1600	0,1800
12	12	144	0,0144	0,0288	0,0432	0,0576	0,0720	0,0864	0,1008	0,1152	0,1296
	14	168	0,0168	0,0336	0,0504	0,0672	0,0840	0,1008	0,1176	0,1344	0,1512
	16	192	0,0192	0,0384	0,0576	0,0768	0,0960	0,1152	0,1344	0,1536	0,1728
	18	216	0,0216	0,0432	0,0648	0,0864	0,1080	0,1296	0,1512	0,1728	0,1944
	20	240	0,0240	0,0480	0,0720	0,0960	0,1200	0,1440	0,1680	0,1920	0,2160
	22	264	0,0264	0,0528	0,0792	0,1056	0,1320	0,1584	0,1848	0,2112	0,2376
14	14	196	0,0196	0,0392	0,0588	0,0784	0,0980	0,1176	0,1372	0,1568	0,1764
	16	224	0,0224	0,0448	0,0672	0,0896	0,1120	0,1344	0,1568	0,1792	0,2016
	18	252	0,0252	0,0504	0,0756	0,1008	0,1260	0,1512	0,1764	0,2016	0,2268
	20	280	0,0280	0,0560	0,0840	0,1120	0,1400	0,1680	0,1960	0,2240	0,2520
	22	308	0,0308	0,0616	0,0924	0,1232	0,1540	0,1848	0,2156	0,2464	0,2772
	24	336	0,0336	0,0672	0,1008	0,1344	0,1680	0,2016	0,2352	0,2688	0,3024
16	16	256	0,0256	0,0512	0,0768	0,1024	0,1280	0,1536	0,1792	0,2048	0,2304
	18	288	0,0288	0,0576	0,0864	0,1152	0,1440	0,1728	0,2018	0,2304	0,2592
	20	320	0,0320	0,0640	0,0960	0,1280	0,1600	0,1920	0,2240	0,2560	0,2880
	22	352	0,0352	0,0704	0,1056	0,1408	0,1760	0,2112	0,2464	0,2816	0,3168
	24	384	0,0384	0,0768	0,1152	0,1536	0,1920	0,2304	0,2688	0,3072	0,3456
	26	416	0,0416	0,0832	0,1248	0,1664	0,2080	0,2496	0,2912	0,3328	0,3744
18	18	324	0,0324	0,0648	0,0972	0,1296	0,1620	0,1944	0,2268	0,2592	0,2916
	20	360	0,0360	0,0720	0,1080	0,1440	0,1800	0,2160	0,2520	0,2880	0,3240
	22	396	0,0396	0,0792	0,1188	0,1584	0,1980	0,2376	0,2772	0,3168	0,3564
	24	432	0,0432	0,0864	0,1296	0,1728	0,2160	0,2592	0,3024	0,3456	0,3888
	26	468	0,0468	0,0936	0,1404	0,1872	0,2340	0,2808	0,3276	0,3744	0,4212
	28	504	0,0504	0,1008	0,1512	0,2016	0,2520	0,3024	0,3528	0,4032	0,4536
20	20	400	0,0400	0,0800	0,1200	0,1600	0,2000	0,2400	0,2800	0,3200	0,3600
	22	440	0,0440	0,0880	0,1320	0,1760	0,2200	0,2642	0,3080	0,3520	0,3960
	24	480	0,0480	0,0960	0,1440	0,1920	0,2400	0,2880	0,3360	0,3840	0,4320
	26	520	0,0520	0,1040	0,1560	0,2080	0,2600	0,3120	0,3640	0,4160	0,4680
	28	560	0,0560	0,1120	0,1680	0,2240	0,2800	0,3360	0,3920	0,4480	0,5040
22	22	484	0,0484	0,0968	0,1452	0,1936	0,2420	0,2904	0,3388	0,3872	0,4356
	26	572	0,0572	0,1144	0,1716	0,2288	0,2860	0,3432	0,4004	0,4576	0,5148
	30	660	0,0660	0,1320	0,1980	0,2640	0,3300	0,3960	0,4620	0,5280	0,5940

Beispiel für die Benützung der Tabelle: Zu berechnen ist der Rauminhalt von 76,36 m′ Kantholz $^{8}/_{24}$:

200	m′ $^{16}/_{24}$	. . .	7,68	0000 m³
70	„ „	. . .	2,68	8000 „
6	„ „	. . .	0,23	0400 „
0,3	„ „	. . .	0,01	1520 „
0,06	„ „	. . .	0,00	2304 „
			10,61	2224 m³ hievon $^{1}/_{2}$ = **5,31 m³**

IV. Gewichte von Band- und Flacheisen

Ein Stab von 1 cm² Querschnitt und 1 m Länge wiegt 0,785 kg
(Gewicht für den Meter in Kilogramm)

Dicke in mm	Breite in Millimeter												
	10	15	20	25	30	35	40	45	50	60	70	80	90
3	0,24	0,35	0,47	0,59	0,71	0,82	0,94	1,06	1,18	1,41	1,65	1,88	2,12
4	0,31	0,47	0,63	0,79	0,94	1,10	1,26	1,41	1,57	1,88	2,20	2,51	2,83
5	0,39	0,59	0,79	0,98	1,18	1,37	1,57	1,77	1,96	2,36	2,75	3,14	3,53
6	0,47	0,71	0,94	1,18	1,41	1,65	1,88	2,12	2,36	2,83	3,30	3,77	4,24
7	0,55	0,82	1,10	1,37	1,65	1,92	2,20	2,47	2,75	3,30	3,85	4,40	4,95
8	0,63	0,94	1,26	1,57	1,88	2,20	2,51	2,83	3,14	3,77	4,40	5,02	5,65
9	0,71	1,06	1,41	1,77	2,12	2,47	2,83	3,18	3,53	4,24	4,95	5,65	6,36
10	0,79	1,18	1,57	1,96	2,36	2,75	3,14	3,53	3,93	4,71	5,50	6,28	7,07
11	—	1,30	1,73	2,16	2,59	3,02	3,45	3,89	4,32	5,68	6,04	6,91	7,77
12	—	1,41	1,88	2,36	2,83	3,30	3,77	4,24	4,71	5,65	6,59	7,54	8,48
13	—	1,53	2,04	2,55	3,06	3,57	4,08	4,59	5,10	6,12	7,14	8,16	9,18
14	—	1,65	2,20	2,75	3,30	3,85	4,40	4,95	5,50	6,59	7,69	8,79	9,89
15	—	1,77	2,36	2,94	3,53	4,12	4,71	5,30	5,89	7,06	8,24	9,42	10,60
16	—	—	2,51	3,14	3,77	4,40	5,02	5,65	6,28	7,54	8,79	10,05	11,30
17	—	—	2,67	3,34	4,00	4,67	5,34	6,01	6,67	8,01	9,34	10,68	12,01
18	—	—	2,83	3,53	4,24	4,95	5,65	6,36	7,07	8,48	9,89	11,30	12,72
19	—	—	2,98	3,73	4,47	5,22	5,97	6,71	7,46	8,95	10,44	11,93	13,42
20	—	—	3,14	3,93	4,71	5,50	6,28	7,07	7,85	9,42	10,99	12,56	14,13

Dicke in mm	Breite in Millimeter												
	100	110	120	130	140	150	160	180	200	220	240	260	280
5	3,93	4,32	4,71	5,10	5,50	5,89	6,28	7,07	7,85	3,64	9,42	10,21	10,99
6	4,71	5,18	5,65	6,12	6,59	7,07	7,54	8,48	9,42	10,36	11,30	12,25	13,19
7	5,50	6,04	6,59	7,14	7,69	8,24	8,79	9,89	10,99	12,09	13,19	14,29	15,39
8	6,28	6,91	7,54	8,16	8,79	9,42	10,05	11,30	12,56	13,82	15,07	16,33	17,58
9	7,07	7,77	8,48	9,18	9,89	10,60	11,30	12,72	14,13	15,54	16,96	18,37	19,78
10	7,85	8,64	9,42	10,21	10,99	11,78	12,56	14,13	15,70	17,27	18,84	20,41	21,98
11	8,64	9,50	10,36	11,23	12,09	12,95	13,82	15,54	17,27	19,00	20,72	22,45	24,18
12	9,42	10,36	11,30	12,25	13,19	14,13	15,07	16,96	18,84	20,72	22,61	24,49	26,38
13	10,21	11,23	12,25	13,27	14,29	15,31	16,33	18,37	20,41	22,45	24,49	26,53	28,57
14	10,99	12,09	13,19	14,29	15,39	16,49	17,58	19,78	21,98	24,18	26,38	28,57	30,77
15	11,78	12,95	14,13	15,31	16,49	17,66	18,84	21,20	23,55	25,91	28,26	30,62	32,97
16	12,56	13,82	15,07	16,33	17,58	18,84	20,10	22,61	25,12	27,63	30,14	32,66	35,17
17	13,35	14,68	16,01	17,35	18,68	20,02	21,35	24,02	26,69	29,36	31,03	34,70	37,37
18	14,13	15,54	16,96	18,37	19,78	21,20	22,61	25,43	28,26	31,09	33,91	36,74	39,56
19	14,92	16,41	17,90	19,39	20,88	22,37	23,86	26,85	29,83	32,81	35,80	38,78	41,76
20	15,70	17,27	18,84	20,41	21,98	23,55	25,12	28,26	31,40	34,54	37,68	40,82	43,96

V. Gewichte von Schrauben und Unterlagscheiben

Äußerer Durchmesser des Gewindes d: engl. Zoll	Äußerer Durchmesser des Gewindes d: mm	Kernquerschnitt $\frac{d_1^2 . \pi}{4}$ cm²	Unterlagscheiben rund oder quadrat.: Durchmesser oder Seitenlänge s=3,5 d mm	Unterlagscheiben rund oder quadrat.: Dicke δ=0,25 d mm	Gewicht in kg für: 100 mm Schaftlänge	Gewicht in kg für: Mutter + Gewinde + Kopf, quadratisch	Gewicht in kg für: Mutter + Gewinde + Kopf, sechseckig	Gewicht in kg für: 1 Unterlagscheibe, rund	Gewicht in kg für: 1 Unterlagscheibe, quadratisch
$^1/_2$	12,70	0,784	45	4	0,104	0,0867	0,0817	0,0459	0,0596
$^5/_8$	15,88	1,311	55	4	0,158	0,1605	0,1515	0,0609	0,0887
$^3/_4$	19,05	1,961	70	5	0,247	0,2673	0,2533	0,1387	0,1797
$^7/_8$	22,23	2,720	80	6	0,326	0,3969	0,3759	0,2170	0,2824
1	25,40	3,575	90	7	0,417	0,6001	0,5701	0,3208	0,4158
$1^1/_8$	28,58	4,497	100	8	0,555	0,8375	0,7955	0,4530	0,5880
$1^1/_4$	31,75	5,768	115	8	0,671	1,1041	1,0471	0,6030	0,7810
$1^3/_8$	34,93	6,837	125	9	0,799	1,4516	1,3796	0,7957	1,1382
$1^1/_2$	38,10	8,388	135	10	0,987	1,8851	1,8071	1,0320	1,3400
$1^5/_8$	41,28	9,495	145	10	1,087	2,4083	2,2883	1,1910	1,5470
$1^3/_4$	44,45	11,311	155	11	1,305	3,0122	2,8622	1,4990	1,9420
2	50,80	14,912	180	13	1,667	4,3923	4,1793	2,3900	3,0990

Anwendungsbeispiele: 1. Gewicht eines Schraubenbolzens von 1″ Durchmesser mit quadratischem Kopf und zwei quadratischen Unterlagscheiben. Schaftlänge zwischen Kopf und Mutter l = 385 mm.

$$g = 3,85 . 0,417 + 0,6001 + 2 . 0.4158 = \mathbf{3,0371\ kg}$$

2. 26 Stück ⌀ $^5/_8$″, l = 460 mm . . . 11 960 mm
42 „ ⌀ $^5/_8$″, l = 320 „ . . . 13 440 „
128 „ ⌀ $^5/_8$″, l = 280 „ . . . 35 840 „
(sechseckiger Kopf, zwei quadratische Unterlagscheiben)

Zusammen 196 Stück . . . . L = 161 240 mm

G = 1612,4 . 0,158 + 196 (0,1515 + 2 . 0,0887) = **319,22 kg.**

VI. Durchschnittsgewichte von Nägeln

Nr. bzw. Dicke in $^1/_{10}$ mm	7″	6″	5″	$4^1/_2$″	4″	—	$3^1/_2$″	3″	—	$2^1/_2$″	2″	$1^3/_4$″	$1^1/_2$″	Rohrnägel
Länge	70/180	60/160	55/130	42/120	46/100	34/95	34/85	38/80	31/70	31/65	25/55	22/45	18/35	20/25
1 Paket =	5 kg										$2^1/_2$ kg		2 kg	1 kg
enthält Stück	100	135	200	350	450	575	800	850	990	1070	1125	1600	1800	600

Anmerkung: In den angegebenen Gewichten ist die Verpackung mitgerechnet. Dieselbe beträgt bei Kleinstiften bis 35 mm durchschnittlich 40 g, bei Paketen mit $2^1/_2$ kg 90 bis 100 g und bei Paketen mit 5 kg 120 bis 140 g. In Hundertteilen beträgt daher das Gewicht der Verpackung für Kleinstifte 4 bis $4^1/_2$%, für Großstifte $2^1/_2$ bis 3%.

Einschlägiges und benütztes Schrifttum

Bauratgeber, Der (8. Auflage des Wiener Bauratgeber von Junk-Müller). Neu herausgegeben von Hofrat Ing. Leopold Herzka. [Abschnitt: Bronneck, H., Die Zimmererarbeiten.] Wien: Julius Springer. Erscheint Juli 1927.

Bazali, M.: Preisermittlung und Veranschlagen von Hoch-, Tief- und Eisenbetonbauten. 5. Aufl. Berlin: Willy Geißler. 1923.

Bronneck, H.: Beitrag zur Ermittlung des angemessenen Preises von Bauarbeiten aus dem Mittelwert der einzelnen Anbotsummen. Wien: Österreichische Bauzeitung vom 16. April 1927.

Bronneck, H.: Holz im Hochbau. Ein neuzeitliches Hilfsbuch für den Entwurf, die Berechnung und Ausführung zimmermanns- und ingenieurmäßiger Holzwerke im Hochbau. Wien: Julius Springer. 1927.

Kreß, F.: Die Kalkulation der Bauarbeiten. II. Teil: Zimmer- und Treppenbauarbeiten. 3. Aufl. Lustnau-Tübingen: Fritz Kreß. 1923.

Rhein.-Westf. Baugewerbeverband e. V. Essen: Die Preisermittlung im Maurer- und Zimmerergewerbe. 6. Aufl. Lütgendortmund: Verlag der Bauzeitschrift „Das Rhein.-Westf. Baugewerbe". 1926.

Schrader, F.: Praktische Preisermittlung für Erd-, Maurer-, Staker-, Zimmer- und Dachdeckerarbeiten. Berlin: Willy Geißler. 1921.

Sachverzeichnis für die Material- und Zeitaufwand-Angaben

Sachverzeichnis

Manzsche Buchdruckerei, Wien IX.